30वीं वर्षगाँठ का विशेष संस्करण

45 सेकेंड में प्रेज़ेंटेशन कैसे दें

जिससे आपका जीवन बदल जाएगा

डॉन फ़ैला

अनुवाद : डॉ. सुधीर दीक्षित

MANJUL

मंजुल पब्लिशिंग हाउस

MANJUL

मंजुल पब्लिशिंग हाउस

कॉरपोरेट एवं संपादकीय कार्यालय

• द्वितीय तल, उषा प्रीत कॉम्प्लेक्स, 42 मालवीय नगर, भोपाल-462003

विक्रय एवं विपणन कार्यालय

• सी-16, सेक्टर 3, नोएडा, उत्तर प्रदेश - 201301, इंडिया

वेबसाइट : www.manjulindia.com

वितरण केन्द्र

अहमदाबाद, बेंगलुरू, भोपाल, कोलकाता, चेन्नई,

हैदराबाद, मुम्बई, नई दिल्ली, पुणे

डॉन फ़ैला द्वारा लिखित मूल अंग्रेजी पुस्तक

द 45 सेकेंड प्रेज़ेंटेशन – देथ विल चेंज यॉर लाइफ़ का हिन्दी अनुवाद

यह हिन्दी संस्करण 2014 में पहली बार प्रकाशित

8वीं आवृत्ति 2023

ISBN 978-81-8322-317-1

हिन्दी अनुवाद : डॉ. सुधीर दीक्षित

मुद्रण व जिल्दसाज़ी : मणिपाल टेक्नोलॉजीज़ लिमिटेड, मणिपाल

पुस्तक के बारे में

इस समय नेटवर्क मार्केटिंग में करोड़ों लोग काम कर रहे हैं और हर साल लाखों नए लोग जुड़ते जा रहे हैं। किसी भी नए व्यक्ति के लिए सबसे अहम बात है इस बिज़नेस को समझना। इस मामले में आपके पास दो विकल्प हैं! आप उन्हें समझाने में या तो चार घंटे लगा सकते हैं या फिर यह पुस्तक पढ़ने को दे सकते हैं।

लेखक के बारे में

डॉन फ़ैला का नेटवर्क मार्केटिंग करियर 1967 में शुरू हुआ। इस बिज़नेस में आने के बाद उन्होंने ग़ौर किया कि इसमें कौन-सी बातें कारगर रहती हैं। इस आधार पर उन्होंने बड़ा संगठन बनाने के लिए एक अचूक, आज़माया हुआ सिस्टम तैयार किया। आज डॉन और उनकी पत्नी नैन्सी पूरे संसार में अंतरराष्ट्रीय लाइफ़स्टाइल प्रशिक्षकों के रूप में अपना अचूक सिस्टम सिखाते हैं। वे कैलिफ़ोर्निया में रहते हैं। डग तथा ग्रेग उनके बेटे हैं, जिनसे उन्हें पाँच पोते पोती हो चुके हैं। इस पुस्तक की लाखों प्रतियाँ बिक चुकी हैं और कई भाषाओं में इसका अनुवाद भी हो चुका है। यह पुस्तक डॉन के अचूक, आज़माए हुए सिस्टम का एक अहम हिस्सा है।

समर्पण

यह पुस्तक मुक्त उद्यम वाले सिस्टम को समर्पित है, जिससे लाभ लेने का अवसर हम सभी के पास मौजूद है और जिसके बिना एमएलएम संभव नहीं था।

"जो अच्छाई के पात्र हैं, उन तक अच्छाई को पहुँचने से मत रोको, जब अच्छाई करना तुम्हारे हाथ में हो।"

प्रोवर्ब्स 3:27, केजेवी

अनुक्रमणिका

प्रस्तावना

कोई बड़ा संगठन बनाने के लिए आपको और कुछ नहीं करना है, बस 45 सेकेंड प्रेज़ेंटेशन के बारे में जानना है। सच तो यह है कि अगर कोई इस प्रेज़ेंटेशन को याद नहीं कर सकता, तो भी कोई दिक्कत नहीं है। वह इसे किसी मित्र को पढ़कर सुना सकता है या 3 x 5 के कार्ड पर लिखकर अपने दोस्तों को पढ़ने के लिए दे सकता है।

"45 सेकेंड प्रेज़ेंटेशन" जिससे आपका जीवन बदल जाएगा।

प्रश्न : क्या आपने कभी इस बारे में सोचा है कि "अपने जीवन का मालिक बनना" कैसा होगा?

मेरे हिसाब से "अपने जीवन का स्वामी बनने" का यह अर्थ है...

देखिए, अगर आप दिन के 24 घंटों के समय में से अपने सोने के समय, ऑफ़िस आने-जाने के समय, कामकाज के समय और रोज़मर्रा की चीज़ों का समय घटा देते हैं, जो आपको जीवन के हर दिन करनी होती हैं, तो आपके पास कितना समय बचता है? अधिकतर लोगों के पास दिन में बस एक-दो घंटे का समय ही बचता है, जिसमें वे अपना पसंदीदा काम कर सकें। लेकिन सवाल यह है कि क्या उनके पास वह काम कर पाने के लिए पर्याप्त पैसा होगा?

इस समस्या से निबटने के लिए हमने एक तरीक़ा खोजा है, जिसे सीखकर कोई भी व्यक्ति घर बैठे अपना बिज़नेस खड़ा कर सकता है और "अपने जीवन का स्वामी" बन सकता है। हमारा सिस्टम इतना सरल है कि इस पर कोई भी अमल कर सकता है। इसमें कुछ बेचने की ज़रूरत नहीं होती और सबसे अच्छी बात यह है कि इसमें ज़्यादा समय भी नहीं लगता है। यदि हमारे इस तरीक़े में आपकी दिलचस्पी है, तो उस व्यक्ति से संपर्क करें, जिसने आपको यह पुस्तक दी है।

इस प्रेज़ेंटेशन के आगे आपको कुछ भी जानने की ज़रूरत नहीं है। एक बार जब आपको इस बात का एहसास हो जाता है और आप इसे अच्छी तरह समझ लेते हैं, तो अपने बिज़नेस के बारे में किसी को भी बता सकते हैं, क्योंकि हर व्यक्ति बिज़नेस के संसार में उतर सकता है, बशर्ते वह चाहे। इसके लिए तो बस थोड़ी-सी इच्छा की ज़रूरत होती है। और जैसा कि आप जानते हैं, अगर इच्छा नहीं है, तो कुछ भी नहीं है।

जो सिस्टम हम सिखाते हैं, उसका रहस्य है बात न करना। बोलना आपका सबसे बड़ा शत्रु है। आप जितना ज़्यादा बोलते हैं, संभावित ग्राहक को उतना ही ज़्यादा लगता है कि आप जो कर रहे हैं, उसे वह नहीं कर सकता। आप जितना अधिक बोलते हैं, वह उतना ही अधिक सोचता है कि उसके पास समय नहीं है। याद रखें, समय की कमी ही वह पहला बहाना है, जो लोग इस बिज़नेस को शुरू न करने के लिए बनाते हैं।

45 सेकेंड प्रेज़ेंटेशन पढ़ने के बाद आपका मित्र आपसे कोई सवाल पूछ सकता है। सवाल चाहे जो भी हो, अगर आप उसका जवाब देंगे, तो शर्तिया हार जाएँगे। आपको पता चल पाए, उससे पहले वह पाँच अन्य सवाल पूछ लेगा। आप चकरघिन्नी की तरह इधर से उधर घूमते रहेंगे! बस उसे इतना बता दें कि स्वाभाविक रूप से उसके मन में बहुत-से सवाल उठ रहे होंगे। इसलिए इस सिस्टम को इस तरह बनाया गया है, ताकि उसे अधिकतर सवालों का जवाब मिल जाए। उससे बस इतना कहें कि वह शुरुआती चार नैपकिन प्रेज़ेंटेशन पढ़ ले और इसके बाद ही आपसे कोई सवाल पूछे।

कभी भी किसी संभावित ग्राहक से पूरी पुस्तक पढ़ने को न कहें। अगर आपने ऐसा किया, तो वे इस पुस्तक को उठाकर शेल्फ़ में रख देंगे और समय रहते नहीं पढ़ पाएँगे। इसलिए उनसे बस शुरू के चार नैपकिन प्रेज़ेंटेशन पढ़ने को कहें। वे उन्हें तत्काल पढ़ लेंगे और 90 प्रतिशत से अधिक लोग तो एक बार शुरू करने के बाद पूरी पुस्तक ही पढ़ जाएँगे।

पुस्तक को पूरी पढ़ने के बाद आपका संभावित ग्राहक नेटवर्क मार्केटिंग को समझ जाएगा। यह महत्त्वपूर्ण है, क्योंकि लोगों के इस बिज़नेस को न करने का सबसे बड़ा कारण यही है कि वे इसे समझते ही नहीं हैं। अब वे नेटवर्क मार्केटिंग को समझ जाएँगे और इस बात के लिए अच्छी तरह तैयार होंगे कि आप उनके सामने अपना वाहन, कंपनी, उत्पाद और मार्केटिंग प्लान पेश करें। लेकिन मैंने कहा था कि शुरू करने के लिए आपको 45 सेकेंड के प्रेज़ेंटेशन से

ज़्यादा कुछ भी जानने की ज़रूरत नहीं है। तो अब आप क्या करेंगे?

इस बिंदु पर आप कुछ साधनों या अपनी टीम का इस्तेमाल करेंगे। आप नहीं, ये उनसे बात करेंगे। साधनों में आपकी कंपनी के ब्रोशर, ऑडियो टेप और वीडियो टेप शामिल हैं। यहाँ टीम का मतलब आपकी अपलाइन है, जो इस बिज़नेस में आपको प्रायोजित करने वाले व्यक्ति से शुरू होती है।

आइए मान लेते हैं कि आपका पहला संभावित ग्राहक आपके सामने है! आपने 45 सेकेंड प्रेज़ेंटेशन दे दिया है और उसने पुस्तक भी पूरी पढ़ ली है। आप लंच के लिए उसे आमंत्रित कर लेते हैं। उसे बता दें कि आप अपने प्रायोजक को भी आमंत्रित कर रहे हैं, जो आपकी ओर से बिज़नेस समझाएगा।

(मुख्य बिंदु : लंच का भुगतान कौन करेगा? स्वाभाविक है आप! आपका स्पॉन्सर आपकी ख़ातिर काम कर रहा है। आप खुद अपना बिज़नेस समझा सकें, इससे पहले आपको कितनी बार अपने स्पॉन्सर के लंच या डिनर का ख़र्च उठाना होगा?)

जर्मनी में सेमिनार के बाद एक व्यक्ति ने मुझसे कहा, "शुरुआत करने के लिए आपको कुछ जानने की ज़रूरत नहीं होती। इसके अलावा, जब आप अपने डाउनलाइन के लिए काम करते हैं, तो आपको हर दिन मुफ़्त लंच भी मिल सकता है।"

दावत उड़ाएँ और अपने बिज़नेस को फलता-फूलता देखें!

अध्याय 1

एमएलएम का परिचय

मल्टी-लेवल मार्केटिंग आज इस्तेमाल में आ रहे उत्पादों को बेचने का सबसे तेज़ तरीक़ा है, लेकिन इसी को समझने में लोगों से सबसे ज़्यादा ग़लती होती है। कई लोगों ने इसे 1990 दशक की सबसे बड़ी चीज़ घोषित किया है। हालाँकि मेरी बात का यक़ीन करें, यह इससे कहीं आगे की चीज़ है। 2010 तक तो मल्टी-लेवल मार्केटिंग कंपनियाँ हर साल **200 अरब डॉलर** से अधिक मूल्य के उत्पाद और सेवाएँ बेचेंगी। 21वीं सदी में एमएलएम की प्रगति को ज़रा **ग़ौर से देखें!**

इस पुस्तक का उद्देश्य उदाहरणों के ज़रिये आपको, यानि पाठक को यह बताना है कि मल्टी-लेवल मार्केटिंग क्या **है** और क्या **नहीं है**। हम यह भी बताएँगे कि आप कैसे सफलतापूर्वक (मैं दोहराता हूँ **सफलतापूर्वक**) दूसरों को मल्टी-लेवल मार्केटिंग समझा सकते हैं।

वैसे इस पुस्तक को **ट्रेनिंग मैन्युअल** समझा जाना चाहिए। इसे एक औज़ार के रूप में तैयार किया गया है, ताकि इसका इस्तेमाल कर आप अपने संगठन के लोगों को प्रशिक्षण दे सकें। इस पुस्तक को अपने प्रोग्राम की जानकारी देने वाली प्रारंभिक "किट" में रखें।

मैंने "नैपकिन प्रेज़ेंटेशन" 1973 में तैयार किए थे और यह पुस्तक उन्हीं पर आधारित है। मैं 1969 से ही किसी न किसी तरह मल्टी-लेवल मार्केटिंग से जुड़ा रहा हूँ। इस पुस्तक में कुल मिलाकर 10 प्रेज़ेंटेशन हैं, जो अब तक तैयार किए गए हैं।

"दस नैपकिन प्रेज़ेंटेशन" के विस्तृत विवरण में जाने से पहले मुझे उस एक सवाल का जवाब देने की अनुमति दें, जिसे सबसे ज़्यादा बार पूछा जाता है

और जो शायद सबसे बुनियादी सवाल भी है। सवाल है : ये "एमएलएम क्या है?" हम अपने शर्ट पर जो बटन लगाते हैं, उसकी प्रतिक्रिया में यह सवाल अक्सर पूछा जाता है। इस पूरी पुस्तक में हम "एमएलएम" और "मल्टी-लेवल मार्केटिंग" का इस्तेमाल पर्यायवाची के रूप में करेंगे।

आइए इसे टुकड़ों में अलग-अलग करते हैं। मार्केटिंग का सरल अर्थ है किसी उत्पाद या सेवा को निर्माता या सेवा प्रदान करने वाले से उपभोक्ता तक पहुँचाना। मल्टी-लेवल में उत्पाद या सेवा पहुँचाने वाले व्यक्तियों को भुगतान का तरीक़ा निहित होता है। "मल्टी" का अर्थ है "एक से अधिक।" "लेवल" की जगह पर "पीढ़ी" शब्दावली बेहतर रहेगी। इसे "मल्टी-जेनरेशन मार्केटिंग" भी कहा जा सकता है। बहरहाल, हम मल्टी-लेवल मार्केटिंग नाम का ही इस्तेमाल करेंगे, क्योंकि यही सबसे लोकप्रिय है। वास्तव में यह इतना लोकप्रिय है कि कई ग़ैर-क़ानूनी पिरामिड प्रोग्राम, चेन-डिस्ट्रिब्यूशन प्रोग्राम या चेन-लेटर भी ख़ुद को मल्टी-लेवल प्रोग्राम कहते हैं। इससे इसके नाम पर बट्टा लग जाता है, जो अनुचित है। इसीलिए कई नई एमएलएम कंपनियाँ अपनी मार्केटिंग के लिए दूसरे नामों का इस्तेमाल करने लगी हैं। कुछ नाम जो आप सुनेंगे, वे हैं "यूनी-लेवल मार्केटिंग," "नेटवर्क मार्केटिंग," और "को-ऑप मास मार्केटिंग।"

उपभोक्ता तक उत्पाद पहुँचाने के दरअसल तीन ही बुनियादी तरीक़े हैं। (इस बिंदु को बताते समय तीन अँगुलियाँ ऊपर उठाएँ।)

1. रिटेलिंग - मुझे यक़ीन है कि हर इंसान रिटेलिंग से परिचित है। किराने की दुकान, दवाई की दुकान, डिपार्टमेंट स्टोर। किसी स्टोर में जाना और वहाँ से कुछ ख़रीदना रिटेल की श्रेणी में आता है।

2. डायरेक्ट सेल्स - आम तौर पर (लेकिन हमेशा नहीं) इसमें बीमा, कुकवेयर, एनसाइक्लोपीडिया आदि शामिल होते हैं। फ़ुलर ब्रश, एवॉन लेडी, टपरवेयर होम पार्टियाँ आदि डायरेक्ट सेल्स के कुछ उदाहरण हैं।

3. मल्टी-लेवल मार्केटिंग - एमएलएम मार्केटिंग का वह तरीक़ा है, जिस पर हम इस पुस्तक में चर्चा करेंगे। इसमें और बाक़ी दोनों तरीक़ों के बीच जो फ़र्क़ होता है, उसे समझने में ग़लती न करें। ख़ास तौर पर इसके और डायरेक्ट सेल्स विधि के बीच के अंतर को स्पष्ट समझ लें, जिसे आम तौर पर ग़लती से एमएलएम का पर्याय समझ लिया जाता है।

कई बार इस सूची में चौथे प्रकार की मार्केटिंग (चौथी अँगुली उठाएँ) को भी

जोड़ दिया जाता है – **मेल ऑर्डर**। वैसे तो मेल ऑर्डर एमएलएम की श्रेणी में भी आ सकता है, लेकिन आम तौर पर इसे डायरेक्ट सेल्स की श्रेणी में शामिल किया जाता है।

पाँचवाँ प्रकार वह है, जिसमें और एमएलएम में प्रायः ग़लतफ़हमी देखी जाती है। यह है **पिरामिड सेल्स** और मैं इसका ज़िक्र पहले ही कर चुका हूँ। सच तो यह है कि **पिरामिड ग़ैर-क़ानूनी** होते हैं! उनके ग़ैर-क़ानूनी होने का अहम कारण यह है कि वे किसी उत्पाद को उपभोक्ता तक नहीं पहुँचा पाते हैं या वैध सेवा प्रदान करने में असफल रहते हैं। यदि कोई उत्पाद उपभोक्ता तक नहीं पहुँचता है, तो आप इसे "मार्केटिंग" कैसे कह सकते हैं, – "मल्टी लेवल मार्केटिंग" की बात तो छोड़ ही दें! वैसे वे खुद को मल्टी-लेवल तो कह सकते हैं – लेकिन **मार्केटिंग कभी नहीं**!!!

मल्टी-लेवल मार्केटिंग से जुड़ने में लोगों की आपत्ति की सबसे बड़ी वजह यह है कि वे एमएलएम और डायरेक्ट सेल्स के अंतर को नहीं पहचान पाते हैं। यह दुविधा आसानी से उलझा सकती है, क्योंकि सबसे प्रतिष्ठित एमएलएम कंपनियाँ डायरेक्ट सेल्स असोसिएशन की सदस्य भी हैं।

शायद आपके मन में यह भर दिया गया है कि एमएलएम का मतलब है घर-घर जाकर सीधे बेचना, क्योंकि उनके साथ आपका पहला संपर्क तब हुआ था, जब किसी वितरक ने कोई सामान बेचने के लिए आपके घर का दरवाज़ा खटखटाया था।

कुछ बातें एमएलएम कंपनियों को रिटेल तथा डायरेक्ट सेल्स कंपनियों से अलग करती हैं। एक बहुत अहम अंतर यह है कि एमएलएम में आप अपने लिए बिज़नेस करते हैं – **लेकिन अकेले नहीं करते।**

यदि आप अपना खुद का बिज़नेस कर रहे हैं, ख़ास तौर पर यदि घर से बिज़नेस कर रहे हैं, तो आपको **टैक्स** में अच्छी-ख़ासी **छूट** मिल जाती है। वैसे मैं आपको इस पुस्तक में **टैक्स के लाभों** के बारे में नहीं बताऊँगा। यह जानकारी आप अपने अकाउंटेंट या इस विषय पर लिखी गई ढेरों पुस्तकों से प्राप्त कर सकते हैं।

जब आप खुद के लिए बिज़नेस करते हैं, तो आप जिस भी कंपनी के प्रतिनिधि हैं, उससे थोक में उत्पाद ख़रीदते हैं। इसका यह मतलब है कि आप उन सामानों का इस्तेमाल अपने खुद के उपभोग के लिए कर सकते हैं (और

आपको ऐसा करना भी चाहिए।) कई लोग तो इसी कारण पहले-पहल कंपनी के साथ जुड़ते हैं, क्योंकि वे थोक में ख़रीदना चाहते हैं। और उनमें से कई "गंभीर" हो सकते हैं।

चूँकि आप अपने उत्पादों को **थोक** में ख़रीद रहे हैं, इसलिए अगर चाहें, तो उन्हें **रिटेल** में बेचकर **मुनाफा** कमा सकते हैं। एमएलएम के बारे में सबसे आम ग़लतफ़हमी यह होती है कि सफल होने के लिए आपको रिटेल में बेचना **ही पड़ेगा**। रिटेल में बेचने के संदर्भ में काफ़ी कुछ कहा जा सकता है और इसे नज़रअंदाज़ नहीं करना चाहिए। कुछ प्रोग्रामों में यह शर्त जुड़ी होती है कि बोनस तभी मिलेगा, जब आप रिटेल कोटा पूरा कर लेंगे। देखिए, अगर आप चाहें या अगर आपके ख़ास प्रोग्राम की शर्त की मजबूरी हो, तो आप बेच भी सकते हैं। लेकिन अहम बात यह नहीं है। ज़्यादा बड़ी आमदनी कमाने के लिए असली सफलता तब मिलती है, जब आप अपने संगठन का निर्माण लेते हैं।

महत्त्वपूर्ण टिप्पणी : जब आप संगठन बना लेते हैं, तो उसका स्वाभाविक परिणाम यह होगा कि बिक्री अपने आप होगी। इसे इसी क्रम में रहने दें। अधिकतर लोग इसका विपरीत करने की कोशिश में असफल हो जाते हैं – वे बिक्री पर ज़ोर देकर संगठन बनाने की कोशिश करते हैं। जब आप आने वाले नैपकिन प्रेज़ेंटेशन पढ़ेंगे, तो यह अवधारणा आपके सामने अधिक स्पष्ट हो जाएगी।

"बिक्री" शब्द सुनते ही लगभग 95 प्रतिशत लोगों के मन में नकारात्मक विचार आ जाते हैं। एमएलएम में आपको पारंपरिक अर्थ में उत्पादों को "बेचने" की ज़रूरत नहीं होती है। बहरहाल, **उत्पाद को उपभोक्ताओं तक पहुँचाना होता है,** वरना किसी को भी पैसे नहीं मिलते हैं। मेरे हिसाब से बिक्री की परिभाषा यह है, "अजनबियों से मिलना और उन्हें कोई ऐसी चीज़ बेचने की कोशिश करना, जिसकी या तो उन्हें ज़रूरत नहीं है या जिसे वे चाहते नहीं हैं।" एक बार फिर बता दूँ, **उत्पाद को उपभोक्ता तक पहुँचाना होता है, वरना किसी को भी पैसे नहीं मिलते हैं!**

एमएलएम का एक और नाम है नेटवर्क मार्केटिंग। जब आप कोई संगठन बनाते हैं, तो आप दरअसल एक नेटवर्क बना रहे होते हैं, जिसके ज़रिये आप अपने उत्पाद उपभोक्ताओं तक पहुँचा सकते हैं। रिटेलिंग नेटवर्क मार्केटिंग की बुनियाद है : एमएलएम या नेटवर्क मार्केटिंग में बिक्री तब होती है, जब वितरक उत्पादों के बारे में अपने मित्रों, पड़ोसियों और रिश्तेदारों को **बताते** हैं। उन्हें

कभी भी अजनबियों से बात करने की ज़रूरत ही नहीं होती।

एक **बड़ा और सफल बिज़नेस** खड़ा करने के लिए आपको **संतुलन** की ज़रूरत होती है। आपको एक तरफ़ तो स्पॉन्सर करना और एमएलएम सिखाना होता है। दूसरी तरफ़, इस प्रक्रिया में आप अपने मित्रों, पड़ोसियों और रिश्तेदारों को रिटेल करके अपना ग्राहक आधार भी बना सकते हैं।

अकेले अपने दम पर पूरे संसार को अपना प्रोग्राम बेचने की कोशिश न करें। याद रखें, नेटवर्क मार्केटिंग या एमएलएम का अर्थ है एक संगठन बनाना, जिसमें बहुत सारे वितरक थोड़ी-थोड़ी रिटेलिंग कर सकते हैं। यह उससे कहीं बेहतर स्थिति है, जब मुट्ठी भर लोग सब कुछ अकेले ही करने की कोशिश करें।

लगभग सभी एमएलएम कंपनियों के मामले में विज्ञापन पर ढेर सारा पैसा ख़र्च करने की ज़रूरत ही नहीं होती है। विज्ञापन लगभग हमेशा मौखिक प्रचार के माध्यम से हो जाता है। इस वजह से वे उत्पादों के शोध और विकास में ज़्यादा पैसे लगा सकती हैं। परिणाम यह होता है कि आम तौर पर उनके उत्पाद की गुणवत्ता रिटेल स्टोर्स में मिलने वाले उत्पाद से ज़्यादा ऊँची होती है। अगर आपका मित्र किसी उत्पाद का इस्तेमाल कर रहा है, तो आप उसे अपने अधिक गुणवत्ता वाले उत्पाद के बारे में बता सकते हैं। इस तरह आप उसे पुराने ब्रांड की जगह ऐसी चीज़ दे रहे हैं, जिसकी श्रेष्ठता को आपने अनुभव करके खोजा है।

तो जैसा आप देख सकते हैं, एमएलएम का मतलब हर दिन घर-घर जाकर अजनबियों से बातचीत करना नहीं है। सभी नेटवर्क या एमएलएम प्रोग्राम, जिनके बारे में मैं जानता हूँ, यह सिखाते हैं कि आपको तो बस अपने मित्रों को उनके उत्पाद या सेवाओं की गुणवत्ता के बारे में **बताना** है। "बिक्री" का कुल जमा मतलब यही है। (मैं इसे "बिक्री" के बजाय "बताना" कहना ज़्यादा पसंद करता हूँ, क्योंकि दरअसल आप यही तो कर रहे हैं!)

एक और चीज़ है, जो एमएलएम को डायरेक्ट सेल्स से अलग करती है। यह है दूसरे वितरक की **स्पॉन्सरिंग**। डायरेक्ट सेल्स और कुछ एमएलएम कंपनियों में भी इसे **रिक्रूटिंग** कहा जाता है। बहरहाल, "स्पॉन्सरिंग" और "रिक्रूटिंग" निश्चित रूप से एक ही चीज़ नहीं हैं। जब आप किसी को **स्पॉन्सर** करते हैं, तो इसके बाद आप उसे **सिखाते** हैं कि वही काम – **उनका ख़ुद का बिज़नेस**

बनाना – कैसे करना है जो आप कर रहे हैं।

मैं ज़ोर देकर कहता हूँ कि किसी को स्पॉन्सर करने और सिर्फ़ "सदस्य बनाने" में बड़ा फ़र्क़ होता है। अगर आप किसी को **स्पॉन्सर** कर रहे हैं, तो आप उससे एक **वादा** कर रहे हैं। यदि आप उससे कोई वादा करने के इच्छुक नहीं हैं, तो सदस्य बनाकर उसका नुक़सान कर रहे हैं।

इस बिंदु पर आपमें तो बस उनकी मदद करने की **इच्छा** रहनी चाहिए, ताकि वे अपना खुद का बिज़नेस बना लें। यह पुस्तक एक अमूल्य औज़ार है, जो आपको यह काम करने का तरीक़ा बताती है।

यह **प्रोयाजक** की ज़िम्मेदारी है कि जब वह किसी बिज़नेस में नए लोगों को लाता है, तो उस बिज़नेस संबंधी सारी जानकारी उन लोगों को दे। इस तरह की चीज़ें जैसे : उत्पाद का ऑर्डर कैसे दिया जाता है, रिकॉर्ड कैसे रखा जाता है, शुरू कैसे किया जाता है, अपना संगठन कैसे बनाया जाता है और लोगों को प्रशिक्षण कैसे दिया जाता है, आदि। यह पुस्तक इस ज़िम्मेदारी को निभाने में आपको काफ़ी **समर्थ** बना देगी।

मल्टी-लेवल मार्केटिंग व्यवसाय **स्पॉन्सरिंग** की बदौलत ही फलता-फूलता है। जब आपका संगठन फैलता है, तो आप एक **स्वतंत्र, सफल** व्यवसायी बनने की दिशा में अग्रसर होते हैं। आप अपने **खुद के बॉस** हैं!

डायरेक्ट सेल्स कंपनियों में आप कंपनी के लिए काम करते हैं। अगर आप उस कंपनी को छोड़ने और किसी दूसरे क्षेत्र में जाने का निर्णय लेते हैं, तो अंततः आपको सब कुछ दोबारा शून्य से शुरू करना होता है। मैं जितने भी एमएलएम प्रोग्राम के बारे में जानता हूँ, लगभग उन सभी में आप देश के किसी दूसरे हिस्से में रहने जा सकते हैं और वहाँ भी लोगों को स्पॉन्सर कर सकते हैं। आप जिस समूह को पीछे छोड़ गए हैं, उसके द्वारा उत्पन्न मात्रा बरक़रार रहती है।

मल्टी-लेवल मार्केटिंग प्रोग्राम में आप ढेर सारा पैसा बना सकते हैं। कुछ कंपनियों में कम समय लग सकता है और कुछ में ज़्यादा, लेकिन बहुत सारे पैसे बनाने का संबंध सिर्फ़ उत्पाद बेचने से ही नहीं है; इसका ज़्यादा संबंध तो अपना संगठन बनाने से है। निश्चित रूप से, आप सिर्फ़ उत्पाद बेचकर कुछ प्रोग्रामों में अच्छी जीवनशैली हासिल कर सकते हैं – लेकिन जब आप संगठन बनाने को अपना बुनियादी काम मान लेते हैं, तो दौलतमंद बन सकते हैं।

लोग 50, 100 या 200 डॉलर प्रति माह कमाने के विचार से मल्टी-लेवल बिज़नेस शुरू करते हैं, लेकिन बाद में अचानक उन्हें एहसास होता है कि अगर वे इस बिज़नेस के बारे में गंभीर हो जाएँ, तो 1,000 डॉलर या 2,000 डॉलर प्रति माह – या इससे अधिक भी कमा सकते हैं। एक बार फिर, याद रखें कि कोई व्यक्ति इतना पैसा सिर्फ़ उत्पाद को बेचकर नहीं कमाता है... संगठन बनाकर ही इतना पैसा कमाया जाता है।

यही इस पुस्तक का उद्देश्य है : आपको ज़रूरत की सारी बातें सिखाना, ताकि आप अपना संगठन बना सकें – और **जल्दी** बना सकें। इसके अलावा, यह पुस्तक एमएलएम के बारे में आपके नज़रिये को सही कर देगी। अगर कोई व्यक्ति सोचता है कि मल्टी-लेवल मार्केटिंग ग़ैर-क़ानूनी है, जिसमें पिरामिड होने का ख़तरा है (और लोग यह तुलना करते हैं), तो आपको उन्हें स्पॉन्सर करने में मुश्किल होती है।

आपको उन्हें तथ्य बताने होंगे, ताकि सच्चे मल्टी-लेवल मार्केटिंग संगठन को पिरामिड मानने का उनका ग़लत नज़रिया बदल जाए। इस मामले में आप उन्हें वह चित्र दिखा सकते हैं, जो अगले पेज पर दिया गया है। पिरामिड ऊपर से नीचे की ओर बनता है और जो लोग शुरुआत से अंदर होते हैं, सिर्फ़ वही शिखर के आस-पास रह सकते हैं।

"एमएलएम" के त्रिकोण में हर व्यक्ति नीचे से शुरू करता है और उसके पास एक बड़ा संगठन बनाने का अवसर होता है।

कोई नया व्यक्ति अगर चाहे, तो अपने प्रायोजक के संगठन से कई गुणा बड़ा संगठन बना सकता है।

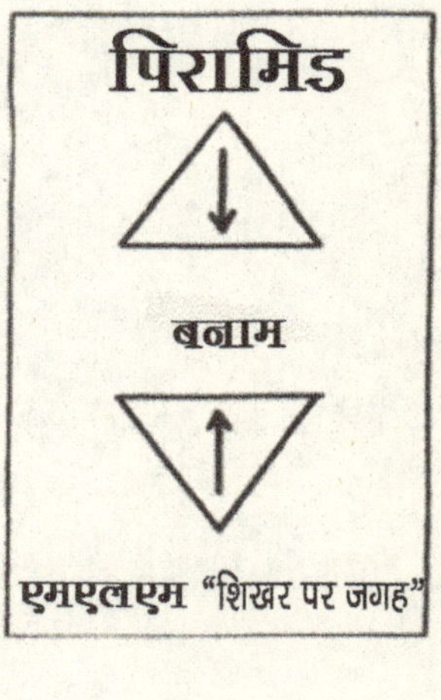

मुख्य उद्देश्य यह है कि आप अपने संभावित ग्राहक से एमएलएम के बारे में सामान्य चर्चा करें और अपनी तीन अँगुलियों से रीटेलिंग, डायरेक्ट सेल्स तथा मल्टी-लेवल मार्केटिंग के बीच फ़र्क़ समझाएँ। इससे आपको अपने विशेष एमएलएम वाहन में उन्हें स्पॉन्सर करने के लिए अच्छी शुरुआत मिल जाएगी।

जैसा मैंने पहले बताया था, वर्ष 2010 तक एमएलएम का सालाना कारोबार 200 अरब

डॉलर से अधिक हो जाएगा। यह **बड़ा व्यापार** है!

अधिकतर लोगों को यह एहसास ही नहीं होता कि एमएलएम का कारोबार इतना बड़ा है! मल्टी-लेवल मार्केटिंग हमारे बीच 50 साल से अधिक समय से है! कुछ कंपनियाँ 45 साल से अधिक समय से मौजूद हैं और अकेले ही हर साल अरबों डॉलर का कारोबार कर रही हैं।

मैं एक कंपनी के बारे में जानता हूँ, जिसने पहले वर्ष के कारोबार में 65 लाख डॉलर की बिक्री की। दूसरे साल इसने 62 **मिलियन** डॉलर का कारोबार किया। तीसरे साल उन्होंने 122 **मिलियन** डॉलर का अनुमान लगाया। वे अपने दसवें साल के अंत तक **एक अरब** डॉलर की वार्षिक बिक्री का आँकड़ा छूने जा रहे हैं। इस पुस्तक में बताए गए सिद्धांतों पर चलकर इस लक्ष्य तक पहुँचा जा सकता है। किसी भी पैमाने से देख लें, यह बहुत तेज़ शुरुआत है!

मल्टी-लेवल मार्केटिंग किसी आविष्कारक या निर्माता के लिए एक व्यावहारिक उपाय है, जिससे वह किसी नए उत्पाद को बाज़ार में उतार सकता है, भले ही उसके पास लाखों डॉलर्स न हों और वह अपना उत्पाद किसी दूसरे के नाम पर भी न करना चाहता हो।

नोट्स

नोट्स

अध्याय 2

नैपकिन प्रेज़ेंटेशन #1
दो दूनी चार होते हैं

आप अपने प्रोग्राम या वाहन के बारे में किसी व्यक्ति को कुछ बताने से **पहले** उसे यह दिखा सकते हैं। अपने प्रोग्राम से परिचित कराने के बाद तो उन्हें यह प्रेज़ेंटेशन दिखाना **अनिवार्य** है। देखिए, आप यही चाहते हैं कि पहले दिन से ही उनकी सोच सही दिशा में रहे। इससे उनके दिमाग़ से यह "भ्रम" निकल जाएगा कि मल्टी-लेवल मार्केटिंग में ढेर सारे पैसे कमाने के लिए उन्हें "पूरे संसार को स्पॉन्सर" करना होगा।

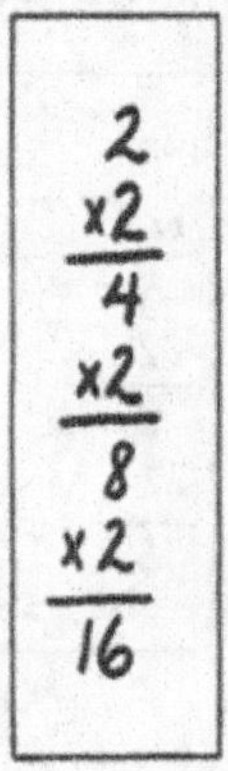

यह प्रेज़ेंटेशन उन्हें यह भी दिखा देगा कि अपने संगठन के लोगों के साथ काम करना और शुरुआत में उनकी मदद करना कितना महत्त्वपूर्ण है।

यह प्रेज़ेंटेशन इस तरह शुरू होता है। सबसे पहले तो आप लिखते हैं, "2x2=4" होते हैं। फिर जिस तरह दाएँ हाथ के चित्र में दिखाया गया है, आप उसी तरह गुणा करते हुए नीचे आते हैं।

मैं लोगों से मज़ाक़ करता हूँ कि अगर वे किसी ऐसे व्यक्ति को स्पॉन्सर करते हैं, जो यहाँ बताई चीज़ सही तरीक़े से न कर सकता हो, तो उसे अपने संगठन में शामिल न करें, क्योंकि उसके साथ काम करने में आगे दिक्क़त हो सकती है।

ग़ौर करें कि अब हम "स्पॉन्सर" शब्द का इस्तेमाल शुरू कर रहे हैं। 2x2 कॉलम के दाईं तरफ़ 3x3 लिख लें और कहें, "यहाँ आप तीन लोगों को स्पॉन्सर करते हैं और सिखाते हैं (हम "सिखाने" शब्द का इस्तेमाल भी शुरू करते हैं), ये 3 अगले 3 को स्पॉन्सर करते हैं, जिससे 9 और लोग हो जाते

हैं। फिर आप अपने 3 लोगों को सिखाते हैं, ताकि वे उन 9 लोगों को स्पॉन्सर करना सिखा सकें। अब आपके पास 27 और लोग हो जाते हैं। बस एक और लेवल नीचे जाएँगे, तो आपके पास 81 लोग हो जाएँगे। 16 और 81 के फ़र्क़ पर ग़ौर करें। इसकी ओर उनका ध्यान खींचें और पूछें कि क्या वे सहमत हैं कि यह काफ़ी अच्छा फ़र्क़ है। फिर उन्हें बताएँ कि **दरअसल फर्क** सिर्फ़ **एक** का है! हर व्यक्ति ने सिर्फ़ **एक ही अधिक व्यक्ति** को स्पॉन्सर किया था! आम तौर पर इस पर आपको थोड़ी प्रतिक्रिया मिलेगी, लेकिन आगे बढ़ते रहें – यह बेहतर होता जाता है।

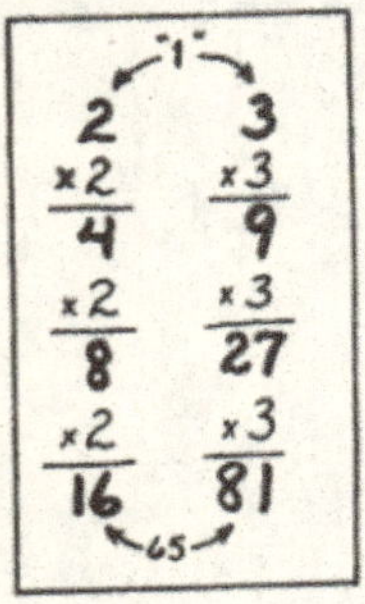

आइए, अब मान लेते हैं कि आप इस बिज़नेस में 4 लोगों को स्पॉन्सर कर देते हैं। 3x3 कॉलम के दाईं तरफ़ जाते हुए आप एक बार फिर आँकड़ों का कॉलम खींचते हैं और बोलने के साथ-साथ उन्हें लिखते जाते हैं।

"आइए देखें कि क्या होता है, अगर हर व्यक्ति सिर्फ़ **दो और लोगों** को स्पॉन्सर करे।" लिखते-लिखते कहें, "आप 4 लोगों को स्पॉन्सर करते हैं और इसके बाद आप उनमें से प्रत्येक को 4 लोगों को स्पॉन्सर करने का तरीक़ा सिखाते हैं। फिर अपने 4 लोगों को उन 16 को सिखाना बताते हैं कि उन्हें 4 लोगों को स्पॉन्सर कैसे करना है। इस तरह आपके समूह में 64 लोग बढ़ जाते हैं। बस एक और लेवल नीचे काम करेंगे, तो आपको पता चलने से पहले आपके समूह में 256 लोग जुड़ जाएँगे।"

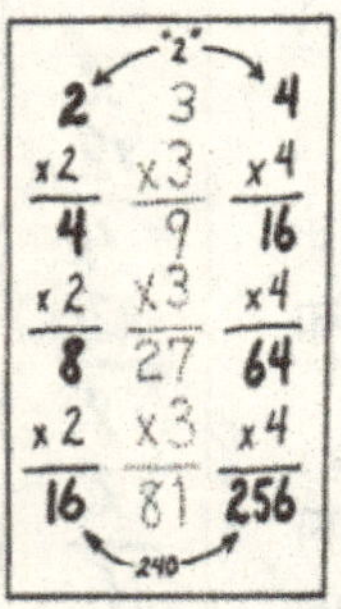

और एक बार फिर आप कहेंगे, "अब यहाँ काफ़ी फ़र्क़ होता जा रहा है, लेकिन..."

आप आम तौर पर किसी तरह की प्रतिक्रिया हासिल करेंगे, जब वे इस अवधारणा को समझने लगेंगे, और आपके बोलने से पहले ही वे बोल पड़ेंगे, "**असल फर्क** यह है कि हर व्यक्ति ने सिर्फ़ **दो और लोगों** को ही स्पॉन्सर किया था!"

हम इस प्रक्रिया को पाँच पर ख़त्म करते हैं। वे आम तौर पर अब तक इसे समझ जाते हैं और जब आप अंकों के आख़िरी कॉलम को लिखते हैं, तो वे

मानसिक या मौखिक रूप से आपके साथ-साथ चलने लगते हैं। अब आप "स्पॉन्सरिंग" और "सिखाना" जैसे शब्द लिखना छोड़ देते हैं, अंक लिखते हैं और टिप्पणी करते हैं, "5 गुणा 5 होते हैं 25, जिसका 5 गुणा है 125, जिसका 5 गुणा है 625। अब यह **ज़बर्दस्त फर्क** है!" एक बार फिर, **असल फर्क** यह है कि हर व्यक्ति ने सिर्फ़ **तीन** और लोगों को स्पॉन्सर किया है।

अधिकतर लोग 1, 2 या 3 और लोगों को स्पॉन्सर करने की बात तो मान सकते हैं, लेकिन आम तौर पर उन्हें सबसे नीचे की लाइन के आँकड़ों (16, 81, 256 और 625) को पचाने में मुश्किल आती है।

इसलिए आख़िरी कॉलम में अपने होने की कल्पना करें, जब आपको प्रोग्राम में 5 गंभीर लोगों को स्पॉन्सर करने का समय मिल जाता है। "5" या आख़िर का कॉलम उन लोगों की संख्या बताता है, जिन्हें आपने स्पॉन्सर किया था और जो अपने बिज़नेस को बनाने के बारे में **गंभीर** होना चाहते हैं। हो सकता है कि इन 5 लोगों को पाने के लिए आपको 10, 15 या 20 लोगों को स्पॉन्सर करने की ज़रूरत पड़े।

बहरहाल, एक बार जब आप सभी दस **नैपकिन प्रेज़ेंटेशनों** को पूरी तरह समझ जाते हैं, तो आप पाएँगे कि आपके लोग संगठन में आने वाले उन लोगों से **ज़्यादा जल्दी** गंभीर होंगे, जो इस सामग्री को नहीं जानते हैं। यह पुस्तक आपको सिखाएगी कि उनके साथ कैसे काम करें, ताकि वे ज़्यादा **जल्दी** गंभीर हो जाएँ।

दाईं ओर के चित्र पर ग़ौर करें, जिसमें आपने 5 को स्पॉन्सर किया है और उन्होंने 5 को किया है और इसी तरह, सिलसिला नीचे तक चलता रहता है... आप इन सभी को जोड़ देते हैं (गोला लगी संख्याएँ)। इससे संगठन में आपके पास 780 लोग हो जाएँगे। यह करने से आपको इस सवाल का जवाब देने में मदद मिलेगी, "क्या किसी को भी उत्पाद बेचने की ज़रूरत नहीं है?" आप सभी यह सवाल अपने सक्रिय होने से पहले ही सुन चुके होंगे। इसलिए यह **नैपकिन प्रेज़ेंटेशन** उन्हें बताएँ और समझाएँ कि 2 दूनी 4 होते हैं... और वह भी 780 वितरकों तक।

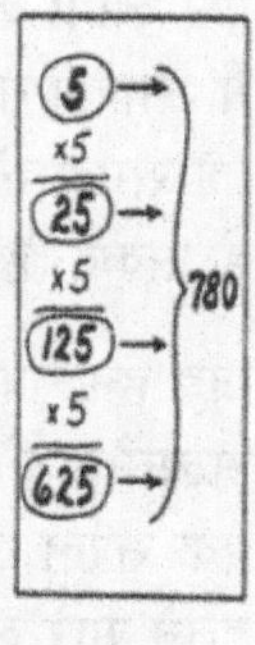

किसी भी प्रकार के मल्टी-लेवल मार्केटिंग संगठन में अगर आपके पास 780 लोग हैं, जो खुद उत्पाद का इस्तेमाल करते हैं, तो आपके पास ज़बर्दस्त एक

बड़ी संख्या होती है। (और हमने उन लोगों को तो शामिल ही नहीं किया है, जो गंभीर तो नहीं हैं, लेकिन "सामान ख़रीदते" हैं।)

अब अगर उनके 2, 3, 4, या 5 मित्र हों, या फिर मान लेते हैं कि उन सभी के मित्रों, रिश्तेदारों और परिचितों में से प्रत्येक के सिर्फ़ 10 ग्राहक हैं, तो कुल मिलाकर 7,800 ग्राहक हो जाते हैं! इस संख्या में अपने संगठन के 780 वितरकों को जोड़ दें – क्या आप सोचते हैं कि 8,580 ग्राहक और "उत्पाद के ख़रीददार" आपके उद्यम को लाभकारी बनाने में समर्थ होंगे? किसी भी कारोबार में आप इसी तरह बहुत सारा पैसा बनाते हैं – बहुत सारे लोगों से थोड़ा अधिक करवाकर। लेकिन याद रखें, आप पूरी फ़ौज़ नहीं, सिर्फ़ **5 गंभीर लोगों** के साथ काम कर रहे हैं!

हम दूसरे एमएलएम प्रोग्राम और अपने प्रोग्राम में भी ऐसे लोगों से मिलते हैं, जो इस बात पर हैरान होते हैं कि हमारे संगठन कितनी **तेज़ी** से फल-फूल रहे हैं। वे हमसे ज़्यादा समय से अपने प्रोग्राम में हैं, लेकिन अपनी गर्दन के ऊपर रखे "थिंक टैंक" को खुजला रहे हैं और पूछ रहे हैं, "आप ऐसा क्या कर रहे हैं, जो मैं नहीं कर रहा हूँ?"

उनके सवाल पर हमारी प्रतिक्रिया यह होती है, "आप अपनी **फ़्रंट लाइन** में कितने लोगों के साथ काम कर रहे हैं?" (फ़्रंट लाइन में वे लोग होते हैं, जिन्हें आपने सीधे स्पॉन्सर किया है। उन्हें आपके "फ़र्स्ट लेवल" वितरक भी कहा जाता है।)

मैं आम तौर पर 25 से 50 या अधिक के आँकड़े सुनता हूँ। मैं एमएलएम में ऐसे लोगों को भी जानता हूँ, जिनकी फ़्रंट लाइन में 100 से अधिक लोग हैं। मैं आपको गारंटी देता हूँ कि एक बार जब आप इस पुस्तक में बताए सिद्धांतों को समझ लेते हैं, तो छह महीनों के भीतर उन लोगों को पछाड़ देंगे, भले ही हो सकता है कि वे अपने संगठनों में 6-8 साल से हों।

जब हम नैपकिन प्रेज़ेंटेशन #2 पर पहुँचेंगे, जिसमें "मल्टी-लेवल मार्केटिंग में सेल्समैन की असफलता के कारणों" के बारे में बताया गया है, तो मैं आपको एक सरल उदाहरण दूँगा। उससे आपको समझ आ जाएगा कि फ़्रंट लाइन में इतने सारे लोगों का होना अच्छा क्यों नहीं होता है।

थलसेना, नौसेना, वायु सेना, मरीन्स या **कोस्ट गार्ड** के बारे में सोचें। सबसे निचले दर्जे के सैनिक से लेकर पेंटागन के शीर्षस्थ लोगों पर नज़र डालें।

किसी के पास भी 5 या 6 लोगों से अधिक नहीं होते, जिन्हें वे **सीधे** सुपरवाइज़ करने की कोशिश कर रहे हों। (वैसे इसके कहीं-कहीं अपवाद हो सकते हैं।) इस बारे में सोचें! हमारे पास वेस्ट पॉइंट और ऐनापोलिस हैं, जिनमें से प्रत्येक के पास 200 से अधिक वर्ष का अनुभव है और वे नहीं सोचते हैं कि किसी को भी 5 या 6 लोगों से अधिक को सुपरवाइज़ करना चाहिए। अब आप मुझे बताएँ कि लोग मल्टी-लेवल मार्केटिंग संगठन में आने के बाद यह क्यों सोचते हैं कि वे अपनी फ़्रंट लाइन में 50 लोगों के साथ कारगर ढंग से काम कर सकते हैं। वे **यह कर ही नहीं सकते!** इसीलिए उनमें से बहुत सारे असफल होते हैं और आगे पढ़ने पर आप समझ जाएँगे कि ऐसा क्यों होता है।

आपको एक ही समय में 5 से अधिक गंभीर लोगों पर काम करने की कोशिश ही नहीं करनी चाहिए। बहरहाल, सुनिश्चित करें कि उन्हें स्पॉन्सर करने के बाद आप समूह में नीचे काम करना शुरू कर दें। एक बिंदु आता है, जब उन्हें आपकी ज़रूरत नहीं रह जाती और वे आपसे अलग होकर अपनी खुद की लाइन शुरू कर सकते हैं। इससे आप एक और गंभीर व्यक्ति के साथ काम करने के लिए स्वतंत्र हो जाते हैं। चाहे जो हो, आप जिन लोगों के साथ क़रीबी तौर पर काम कर रहे हैं, उनकी संख्या 5 ही रखेंगे। कुछ प्रोग्राम आपको एक समय में केवल 3-4 के साथ ही प्रभावी होने की अनुमति दे सकते हैं, लेकिन मैं ऐसे किसी प्रोग्राम को नहीं जानता, जो 5 से अधिक के साथ प्रभावी ढंग से बनाया जा सकता हो।

ये **नैपकिन प्रेज़ेंटेशन** एक दूसरे से जुड़े हुए हैं, इसलिए इस बिंदु पर आपके मन में अगर कुछ सवाल हों, तो आगे बढ़ने पर आपको अपने आप उनके जवाब मिल जाएँगे।

नोट्स

अध्याय 3

नैपकिन प्रेज़ेंटेशन #2
सेल्सपर्सन की असफलता के कारण

किसी मल्टी-लेवल मार्केटिंग बिज़नेस में काम करते समय इतने सारे सेल्समैन असफल क्यों हो जाते हैं? यह #2 प्रेज़ेंटेशन बिक्री पर केंद्रित पेशेवर सेल्समैन की आम ग़लतियों को स्पष्ट कर देगा।

चलिए मैं आपको बताता हूँ कि हमें दस सेल्समैनों के बजाय दस शिक्षकों को स्पॉन्सर क्यों करना चाहिए।

देखिए, **मुझे ग़लत न समझें**। मैं मानता हूँ कि पेशेवर सेल्समैन आपके संगठन को ज़बर्दस्त फ़ायदा पहुँचा सकते हैं - बशर्ते, हर एक की तरह वे भी इन 10 नैपकिन प्रेज़ेंटेशन से गुज़रें और इन्हें पूरी तरह समझ लें।

अधिकतर लोग ऊपर दिए कथन से दुविधा में पड़ जाते हैं, लेकिन याद रखें वे अब भी यह नहीं समझते हैं कि एमएलएम मार्केटिंग का एक ख़ास **तरीका** है। हम लोगों को किसी डायरेक्ट सेल्स संगठन में स्पॉन्सर **नहीं** कर रहे हैं। हम तो उन्हें एक मल्टी-लेवल मार्केटिंग प्रोग्राम में स्पॉन्सर कर रहे हैं।

अधिकतर समय किसी सेल्समैन के साथ यह समस्या आती है कि जब वह आपके ऊँची गुणवत्ता वाले उत्पाद को देखता है, तो वह बस कूद पड़ता है और उड़ान भरने लगता है। देखिए, उसे अपना खुद का प्रेज़ेंटेशन तैयार करना आता है - उसे हमारे सिखाने की ज़रूरत नहीं होती कि कैसे बेचना है; इस मामले में तो वह पहले से ही निपुण पेशेवर होता है। मुद्दे की बात यह है कि हम उन्हें यह नहीं सिखाना चाहते कि कैसे बेचना है। हम तो उन्हें बस इतना **सिखाना** चाहते हैं कि कैसे सिखाना है, कैसे **स्पॉन्सर** करना है और कैसे एक बड़ा, सफल मल्टी-लेवल मार्केटिंग संगठन बनाना है। और वे, तथा बाक़ी

सभी, "बेचने" शब्द की सामान्य परिभाषा से अलग हटकर, **कुछ भी बेचे बिना** यह काम कर सकते हैं।

अगर आप उनके साथ बैठकर मल्टी-लेवल मार्केटिंग के बारे में कुछ सरल चीज़ें नहीं समझाते हैं, अगर उन्हें यह नहीं बताते हैं कि यह डायरेक्ट सेलिंग से क्यों अलग है, तो उनमें ग़लत दिशा में चले जाने की प्रवृत्ति होती है। नैपकिन प्रेज़ेंटेशन में आगे हम आपको कुछ उदाहरण देंगे।

अधिकतर लोग सोचते हैं (ख़ास तौर पर सेल्समैन) कि अगर आप किसी को स्पॉन्सर करते हैं, तो यह करके आपने अपने प्रयास का एक समरूप तैयार कर दिया है। (एक गोले के नीचे दूसरा गोला बना दें।) पहले एक था और अब वहाँ दो हैं। यह तार्किक तो लगता है, लेकिन **सच नहीं** है।

यह सच इसलिए नहीं है, क्योंकि अगर ऊपर वाले गोले का व्यक्ति (स्पॉन्सर) चला जाता है, तो उसके द्वारा स्पॉन्सर व्यक्ति भी चला जाएगा; वह प्रोग्राम में बना नहीं रहेगा। आपको अपने लोगों को समझाना होगा कि अगर वे सचमुच अपना समरूप तैयार करना चाहते हैं, तो उन्हें कम से कम **थ्री लेवल डीप** (तीन लेवल भीतर) जाना होगा; सिर्फ़ तभी वे **समरूप** होते हैं।

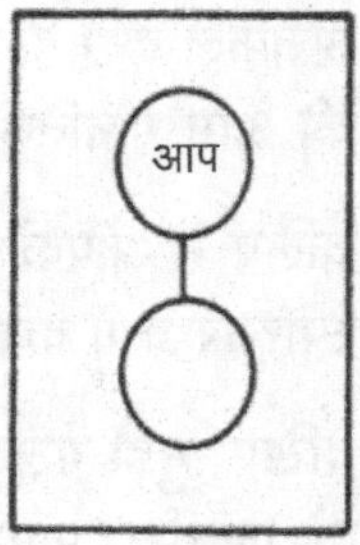

प्रोग्राम सचमुच कारगर है, यह देखने का अवसर मिलने से पहले ही अगर आपका स्पॉन्सर बाहर निकल जाता है, तो संभवत: आप मान लेंगे कि यह कारगर नहीं है, क्योंकि यह आपके स्पॉन्सर के लिए कारगर नहीं रहा। आख़िरकार, वह आपका स्पॉन्सर है और निश्चित रूप से इसके बारे में आपसे ज़्यादा जानता होगा। आइए मान लेते हैं कि आप यहाँ हैं। (एक गोला बनाएँ और इसके बीच में **"आप"** लिखें।) आप टॉम को स्पॉन्सर करते हैं। (**"आप"** वाले गोले के नीचे एक और गोला बनाएँ, उसमें "टॉम" लिखें और दोनों गोलों को एक लकीर से जोड़ दें।) अब अगर आप चले जाते हैं और टॉम यह नहीं जानता है कि क्या करना है (क्योंकि आपने उसे यह नहीं सिखाया है), तो सब कुछ ख़त्म हो जाता है। लेकिन अगर आप टॉम को **सिखा**

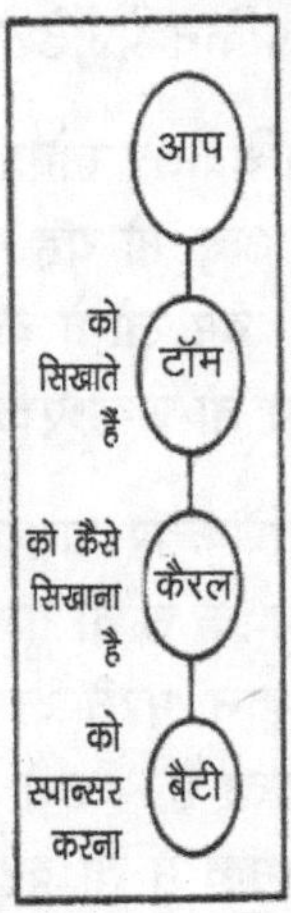

देते हैं कि स्पॉन्सर कैसे करना है और वह कैरल को स्पॉन्सर कर देता है, तो आप खुद का समरूप तैयार **कर रहे** हैं।

लेकिन अगर टॉम यह **नहीं** सीखता है कि कैरल को स्पॉन्सर करना कैसे सिखाया जाता है, तो एक बार फिर सारा मामला चौपट हो जाएगा और सब कुछ ख़त्म हो जाएगा। आपको टॉम को **सिखाना होगा** कि वह कैरल को दूसरों को स्पॉन्सर करने का तरीक़ा सिखा सके। फिर वह बैटी या जो भी हो, उसे स्पॉन्सर कर सकती है।

अब आप **थ्री डीप** हैं। अगर आप (किसी दूसरे के साथ काम करने या देश के किसी दूसरे हिस्से में रहने) चले जाते हैं, तो यह उप-समूह जारी रहेगा। मैं ज़ोर देता हूँ : **आपको थ्री डीप जाना ही होता है!** जब तक आप थ्री डीप नहीं होते हैं, आपके पास कुछ नहीं होता है और सिर्फ़ तभी आपका **समरूपण** होता है।

आप जिन लोगों को स्पॉन्सर करते हैं, अगर उन्हें और कुछ नहीं बताते हैं, सिर्फ़ यही एक बिंदु जाहिर करते हैं, तब भी आपके पास वह कुंजी होगी, जो आपको मल्टी-लेवल मार्केटिंग प्रोग्राम में काम करने वाले अधिकतर लोगों से ज़्यादा सफल बना देगी।

देखिए कि "सेल्समैन" के साथ क्या होता है : वह उत्पाद के प्रदर्शन को देखता है, उनके उपयोग के परिणामों के प्रमाण सुनता या पढ़ता है और उनके काम करने के तरीक़े को भी सीखता है। जब वह इस जानकारी से लैस हो जाता है, तो बस उसके रास्ते से दूर हट जाएँ। वह बाहर जाने वाला है और "दीवानों की तरह बेचने वाला है।" याद रहे, वे **सेल्समैन** हैं! वे डायरेक्ट सेलिंग बिज़नेस में रहे हैं, इसलिए उन्हें अजनबियों से मिलने जाने में कोई समस्या नहीं होती।

बेहतरीन! तो आप अपने सुपर-सेल्समैन (हम उसे चार्ली नाम से पुकारते हैं) से कहते हैं, "चार्ली, अगर तुम **भारी दौलत** कमाना चाहते हो, तो यह काम अकेले नहीं कर सकते। तुम्हें लोगों को स्पॉन्सर करने की ज़रूरत है।"

यह सुनने के बाद चार्ली क्या करता है? वह बाहर जाता है और पूरे जोश से स्पॉन्सर करने लगता है, स्पॉन्सर करता जाता है, स्पॉन्सर करता जाता है... वह इतना जोशीला होता है कि तूफ़ान को भी स्पॉन्सर कर देगा। एक अच्छा "सेल्समैन" मल्टी-लेवल मार्केटिंग प्रोग्राम में हर सप्ताह 3-4 लोगों को स्पॉन्सर कर सकता है।

लेकिन होता यह है : एक ऐसा बिंदु आता है (और इसमें ज़्यादा समय नहीं लगता), जहाँ लोग जितनी तेज़ी से अंदर आते हैं, उतनी ही तेज़ी से बाहर जाने लगते हैं। अगर आप उनके साथ **प्रभावी ढंग** से काम नहीं करते हैं (जो कि एक ही समय में पाँच से अधिक के साथ काम करने की कोशिश करते हुए संभव ही नहीं है), तो उन्हें हताश होते और हार मानते देखेंगे।

अब चार्ली हताश और थोड़ा अधीर हो जाता है। वह सोचने लगता है कि यहाँ तो कुछ भी नहीं हो रहा है, इसलिए वह बेचने के लिए किसी दूसरी चीज़ की तलाश में चला जाता है। जिस व्यक्ति ने चार्ली को स्पॉन्सर किया था और जो यह माने बैठा था कि चार्ली उसे अमीर बनाने जा रहा है, वह भी हताश हो जाता है और हार मान लेता है।

एमएलएम में बड़ी सफलता हासिल करने वाले अधिकतर लोग सेल्सपर्सन की पृष्ठभूमि से नहीं आए हैं। भले ही वे पेशे से **शिक्षक** न हों, लेकिन उनमें से अधिकतर किसी न किसी तरह की शैक्षणिक पृष्ठभूमि से आए हैं। मैं एक शिक्षक और स्कूल प्रिंसिपल को जानता हूँ, जो एक मल्टी-लेवल मार्केटिंग प्रोग्राम में सिर्फ़ दो साल बाद ही **हर महीने पंद्रह हज़ार डॉलर** से अधिक कमा रहे थे। उन्होंने यह कैसे किया, वे यह कैसे कर रहे हैं? **दूसरों को सिखाकर** कि यह कैसे करना है।

आइए, चार्ली की नीति में कुछ आँकड़े रख देते हैं, ताकि अधिक स्पष्टता से देख सकें कि उससे कहाँ ग़लती हुई। मान लेते हैं कि सुपर सेल्समैन चार्ली ने बाहर निकलकर 130 लोगों को स्पॉन्सर कर दिया। आइए, यह भी मान लेते हैं कि वह उनसे पाँच अन्य लोगों को स्पॉन्सर करवा लेता है, जिससे उसके संगठन में 650 और लोग जुड़ जाते हैं, यानी कुल मिलाकर 780 लोग। (जाना-पहचाना लगता है?)

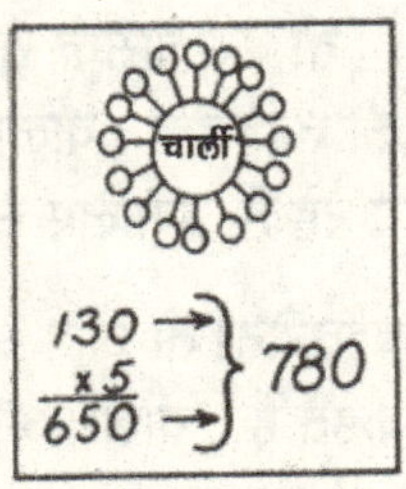

यह प्रेज़ेंटेशन करते समय अपने लोगों से यह सवाल पूछें, “आपको क्या महसूस होता है कि आप कौन-सा काम ज़्यादा जल्दी कर सकते हैं, पाँच गंभीर लोगों को स्पॉन्सर करना और **उन्हें सिखाना कि कैसे सिखाना चाहिए** या...?”

ज़ाहिर है, यह सवाल उठेगा, “मैं उन्हें क्या सिखाऊँगा?” जवाब है : आप उन्हें वह सिखाएँगे, जो इस वक़्त इस पुस्तक में सीख रहे हैं - **10 नैपकिन**

प्रेज़ेंटेशन। वैसे तो सभी 10 नैपकिन प्रेज़ेंटेशन को समझना ज़रूरी है, लेकिन शुरुआत में पहले चार से भी काम चल जाएगा।

उन्हें सिखाएँ कि 2x2 = 4 हैं और लोग क्यों असफल होते हैं आदि। आपके हिसाब से 130 लोगों को स्पॉन्सर करने में कितना समय लगेगा? जब आप 130 को स्पॉन्सर कर लेते हैं, तो शुरुआती लोगों में से कितने बचेंगे? आप पाएँगे कि उनकी संख्या काफ़ी तेज़ी से घटती जा रही है। बहरहाल, आप पाएँगे कि नैपकिन प्रेज़ेंटेशन #1 में 780 लोगों के बने रहने की दर काफ़ी ऊँची है।

एक बार जब आप किसी सेल्समैन को यह दिखाते हैं और वह इसे अच्छी तरह समझ लेता है, तो वह कहेगा, "अहा! अब मैं समझ गया कि मुझे क्या करना है..." और वे इसे कर भी देंगे।

चेतावनी : आपको उन्हें पीछे रोकना होगा। चूँकि वे उस बात को नहीं समझते हैं, जिस पर हमने इस अध्याय में विचार किया है, इसलिए एमएलएम में अधिकतर लोग दरअसल अपने लोगों को बिज़नेस से बाहर निकलने के लिए प्रोत्साहित करते हैं! वे किसी को स्पॉन्सर करते हैं और कुछ समय बाद उनका नया वितरक आकर कहता है, "सुनिए, मुझे पिछले सप्ताह पाँच नए लोग मिले हैं!" आप कहते हैं, "बेहतरीन!" और उत्साह बढ़ाने वाले अंदाज़ में उसकी पीठ थपथपाते हैं। अगले सप्ताह वह पाँच और लोगों से साइन करवा लेता है। उन पाँच लोगों का क्या हुआ, जो पिछले सप्ताह सदस्य बने थे? वे बाहर जा चुके हैं।

अगर आप "सेल्सपर्सन की असफलता के कारण" के इस नैपकिन प्रेज़ेंटेशन को समझ लेते हैं, तो आप उन्हें प्रोत्साहित तो कर ही सकते हैं, यह ज़ोर भी दे सकते हैं कि उन पहले वाले पाँच लोगों पर ध्यान देना और **शुरुआत करने में उनकी मदद करना** बहुत **महत्त्वपूर्ण** है।

जब मैं किसी को स्पॉन्सर करता हूँ, तो मेरे लिए खुद किसी दूसरे व्यक्ति को स्पॉन्सर करना उतना महत्त्वपूर्ण नहीं होता, जितना यह कि मैं उसके साथ जाऊँ और किसी दूसरे को **स्पॉन्सर करने में उसकी मदद** करूँ। मैं इस बिंदु पर जितना भी ज़ोर दूँ, कम है। यह बिंदु कुछ अन्य प्रेज़ेंटेशन में भी सामने आएगा।

10 नैपकिन प्रेज़ेंटेशन में से शुरुआती चार तो दरअसल **अनिवार्य** हैं। अगर आपके पास इन चारों के लिए समय नहीं है, तो कम से कम #1 और #2 से शुरू करें। (अध्याय 2 और 3)। आप उन्हें किसी को दिखा भी सकते हैं,

जो इस बात पर निर्भर करता है कि आप इसे कितना फैलाते हैं। जब आप एक बार उनका अभ्यास कर लेते हैं, तो यह काम पाँच-दस मिनट में ही कर सकते हैं।

मैं एक प्रोग्राम में शामिल रहा हूँ, जिसमें मैंने कार्ल नामक व्यक्ति को स्पॉन्सर किया था। कार्ल ने मुझे टेनेसी में रह रही अपनी पुत्री को स्पॉन्सर करने के बारे में बताया। उसने साथ में यह भी कहा उसकी पुत्री शहर के हर व्यक्ति को जानती थी। मैंने फ़ोन पर कार्ल से बात की और उसे बताया कि मेरे विचार से यह बेहतरीन था। बहरहाल, मैंने जल्दी से यह भी जोड़ दिया कि वह अपनी पुत्री तक मेरा संदेश पहुँचा दे। मैंने उससे पूछा कि क्या उसके आस-पास क़ागज़ और क़लम हैं (जो थे)। फिर मैंने उससे लिखने को कहा कि दो और दो, चार होते हैं। इसके बाद मैंने उसे पूरा समीकरण लिखाया। मैंने उसे निर्देश दिया कि वह तुरंत अपनी पुत्री को फ़ोन करके बता दे कि सही दिशा में शुरुआत करने के लिए उसे किन ग़लतियों से बचना है। उसने पुत्री को फ़ोन कर दिया और यह उन दोनों के लिए बहुत अच्छी तरह काम कर रहा है।

नोट्स

नोट्स

अध्याय 4

नैपकिन प्रेज़ेंटेशन #3
"चार चीज़ें, जो आपको करनी हैं"

पहले प्रेज़ेंटेशन में हमने आपको **करने वाली** कुछ बातें बताई थीं और दूसरे प्रेज़ेंटेशन में **न करने वाली** कुछ बातें बताई थीं, जहाँ तक आपके संगठन में गहराई से काम करने का प्रश्न था। इस नैपकिन प्रेज़ेंटेशन में हम आपको वे चार चीज़ें दिखाएँगे, जो आपको किसी भी एमएलएम प्रोग्राम में सफल होने के लिए **करनी ही होती हैं**। ये 4 चीज़ें बिलकुल **अनिवार्य** हैं!

मल्टी-लेवल मार्केटिंग में जो भी व्यक्ति एक लाख या दो लाख डॉलर प्रति वर्ष (या इससे अधिक) कमा रहा है, हर उस व्यक्ति ने ये चारों चीज़ें **की थीं** और **अब भी कर रहा है।**

इन चार चीज़ों को याद रखने में आसानी रहे, इसके लिए मैंने इन पर केंद्रित एक कहानी बनाई है। इस कहानी से आपके लोगों की दिलचस्पी भी जाग सकती है। इससे वे न सिर्फ़ एमएलएम से इसकी समानता को समझ लेंगे,

बल्कि उन्हें यह भी ज़्यादा **याद** रहेगा कि "उन्हें क्या करना है।"

कहानी इस तरह है : "आइए कल्पना करते हैं कि आप पारिवारिक कार में यात्रा करना चाहते हैं। आप बारिश भरे वॉशिंगटन को छोड़कर (जो उतना बुरा नहीं है, जितना कि कुछ लोग दावा करते हैं) धूप भरे कैलिफ़ोर्निया तक पहुँचना चाहते हैं। कैलिफ़ोर्निया की धूप में पहुँचने का मतलब है उस प्रोग्राम के शिखर पर पहुँचना, जिसमें आप हैं। जब आप वहाँ पहुँच जाते हैं, तो आप **सफल** हो जाते हैं – आप **शिखर पर** होते हैं!

पहली चीज़ आपको यह करनी है कि आप **गाड़ी में बैठिए** और **शुरूआत कर दें**। एमएलएम में ऐसा कोई नहीं है, जिसने शुरू ही न किया हो और बहुत सारा पैसा कमा लिया हो। शुरू करने के लिए कितने पैसे की ज़रूरत होती है, यह उस कंपनी और प्रोग्राम पर निर्भर करता है, जिसे आप अपने "वाहन" के रूप में चुनते हैं। यह 0 से लेकर 12.5 डॉलर, 45 डॉलर, 100 डॉलर, 200 डॉलर या 500 डॉलर या फिर उससे अधिक भी हो सकता है।

यह यात्रा करते समय जिस **दूसरी चीज़** की आपको ज़रूरत है, वह है **गैस** और **ऑइल** ख़रीदना। जब आप शिखर (कैलिफ़ोर्निया) की ओर यात्रा करते हैं, तो आप ईंधन और ऑइल (उत्पाद) का इस्तेमाल करेंगे तथा आपको उन्हें समय-समय पर ख़रीदने की ज़रूरत होगी। **एमएलएम** उन उत्पाद के साथ सबसे अच्छी तरह काम करता है, जो **कंज़्यूमेबल** होते हैं, यानि उपभोग के बाद उनकी उपयोगिता समाप्त हो जाती है। आपको इन उत्पादों का इस्तेमाल करना होगा और उन्हें बार-बार ख़रीदना होगा। आपको खुद उस कंपनी के **उत्पाद का इस्तेमाल** करना होगा, जिसके **आप प्रतिनिधि** हैं।

याद रखें, हमने आपको नैपकिन प्रेज़ेंटेशन #1 में दिखाया था कि 780 वितरक होने पर इससे कोई फ़र्क़ नहीं पड़ता कि आप किस प्रोग्राम में हैं, क्योंकि आपका वॉल्यूम बहुत अच्छा होगा। ज़ाहिर है, आपको ऐसे वाहन में अपना बिज़नेस बनाने के लाभ दिख रहे होंगे, जिसमें उपभोग करने वाले उत्पाद हों।

अधिकतर मल्टी-लेवल कंपनियाँ इसी श्रेणी में आती हैं। नॉन-कन्ज़्यूमेबल उत्पाद की मार्केटिंग आम तौर पर रिटेल या डायरेक्ट सेल्स विधियों द्वारा की जाती है, लेकिन हमेशा नहीं।

खुद उत्पाद का इस्तेमाल करने का दूसरा लाभ यह होगा कि आप उनके बारे में रोमांचित हो जाएँगे। विज्ञापन पर बहुत सारे पैसे ख़र्च करने के बजाय एमएलएम कंपनियाँ अपने पैसे उत्पाद के विकास में लगाती हैं। इसका परिणाम यह होता है कि उनके उत्पाद की गुणवत्ता आम तौर पर रिटेल स्टोर्स में उपलब्ध उत्पाद से काफ़ी बेहतर होती है।

तीसरी चीज़ जो आपको करनी है, वह है **बड़े गियर** में पहुँचना। ज़ाहिर है, आप जानते हैं कि कोई भी **हाई** गियर में शुरुआत नहीं करता है। हम सभी **न्यूट्रल** में शुरू करते हैं। (वैसे, ग़ौर करें कि हम "ऑटोमैटिक" गाड़ी नहीं चला रहे हैं।) हो सकता है कि हम कार में बैठे हों, अब भी ड्राइववे में हों, चाबी लगी हो और मोटर चालू हो, लेकिन अगर हम यदि न्यूट्रल के बाहर नहीं निकलते हैं, तो कभी कैलिफ़ोर्निया – या कहीं भी नहीं पहुँच पाएँगे।

अपनी कार को गियर में लाने के लिए आपको किसी को बिज़नेस में स्पॉन्सर करना होगा। जब आप किसी को स्पॉन्सर करते हैं, तो **फर्स्ट गियर** में होते हैं। मेरा मानना है कि आपको पाँच बार फ़र्स्ट गियर में होना चाहिए, **5 गंभीर** लोगों के साथ।

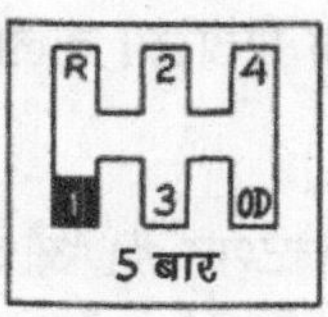

5 बार

एक अन्य प्रेज़ेंटेशन में मैं आपको बताऊँगा कि आप यह कैसे पहचान सकते हैं कि आपके कौन-से लोग गंभीर हैं। आप अपने द्वारा स्पॉन्सर उन पाँच लोगों को **भी** गियर में लाना चाहेंगे। इसलिए आप उन्हें **सिखाते** हैं कि किसी को स्पॉन्सर करके फ़र्स्ट गियर में कैसे आना है। जब आपके 5 लोगों में से प्रत्येक 5 बार फ़र्स्ट गियर में रहता है, तो आप **25 बार सेकेंड गियर** में रहेंगे।

25 बार

अपने द्वारा स्पॉन्सर पाँच लोगों को सिखाएँ कि वे अपने पाँच लोगों को फ़र्स्ट गियर में पाँच बार आना सिखाएँ। उनमें से प्रत्येक अब 25 बार सेकेंड गियर में रहता है और इससे आप

125 **बार थर्ड गियर** में आ जाते हैं। जब आपके संगठन में थर्ड लेवल वितरक होते हैं, तो आप **थर्ड गियर** में होते हैं।

क्या आपने कभी इस बात पर ग़ौर किया है कि आपकी कार फ़ोर्थ गियर में कितनी अच्छी तरह चलती है? साथ ही आपका संगठन भी! जितनी जल्दी हो सके, आप **हाई गियर** (फ़ोर्थ गियर) में आना चाहते हैं। जब आपके पहले लेवल के लोग थर्ड गियर में पहुँचते हैं, तो आप **फोर्थ गियर** में पहुँच जाते हैं।

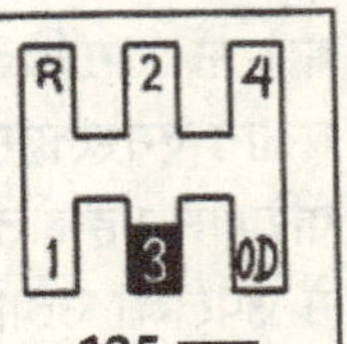

125 बार

ज़ाहिर है, आप यह चाहते हैं कि आपके द्वारा सीधे स्पॉन्सर किए हुए लोग भी **हाई या फोर्थ गियर** में पहुँच जाएँ। जब वे ऐसा कर लेते हैं, तो आप **ओवरड्राइव** (सबसे बड़ा गियर) में पहुँच जाते हैं।

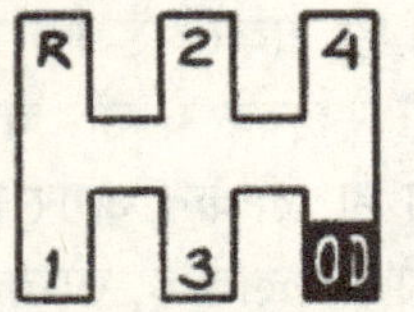

"ओवरड्राइव"

आप **ओवरड्राइव** में कैसे पहुँचते हैं? **आपने** जिन लोगों को स्पॉन्सर किया है, आप उन्हें **सिखाने में मदद** करते हैं कि वे अपने लोगों को **थर्ड गियर** में कैसे लाएँ, जिससे वे फ़ोर्थ गियर और आप **ओवरड्राइव** में पहुँच जाते हैं।

जब आप कैलिफ़ोर्निया की यात्रा पर होते हैं, तो **चौथी चीज़** यह है कि आप अपने साथ जाने वाले लोगों को अपने उत्पाद के बारे में **बताते** हैं। उन्हें उत्पाद को आज़माकर देखने दें। उन्हें उसके लाभ खुद देखने दें, अनुभव करने दें। जब वे पूछें कि ये उन्हें कहाँ मिल सकते हैं... तो अंदाज़ा लगाएँ कि इस बिंदु पर आप क्या करते हैं? इसलिए अपने मित्रों को उत्पाद के बारे में बताएँ। कई लोगों के लिए यह बिज़नेस का रिटेलिंग वाला **हिस्सा** है।

इस बिंदु पर यह ग़ौर करना महत्त्वपूर्ण है कि हम नैपकिन प्रेज़ेंटेशन #1 और #2 से गुज़र चुके हैं तथा अब #3 पर हैं और हमने आपको बता दिया है कि सफल होने के लिए **आपको कौन-सी चार चीज़ें करनी** हैं। इस दौरान एक बार भी हमने आपको यह नहीं बताया है कि आपको बाहर जाकर सामान बेचना है। हम कहते हैं कि आपको **"बेचने"** शब्द के पारंपरिक अर्थ में उत्पाद बेचने की ज़रूरत ही नहीं है। इसके बजाय हम **यह कहते** हैं कि आपको बस अपने मित्रों को उत्पाद के बारे में बताने की ज़रूरत है। आप इनके बारे में अजनबियों

को भी बता सकते हैं। जब वे आपके उत्पादों और आपके मार्केटिंग प्लान के लाभ देखेंगे, तो आपके **नए मित्र** बन जाएँगे।

आपको बहुत सारे ग्राहकों की ज़रूरत भी नहीं है... बस यही कोई 10, या इससे भी कम। अगर आपके पास 10 ग्राहक भी हैं... तो बिलकुल चलेगा। इसका बस यह मतलब है कि आइटम नंबर 4 बहुत छोटा रहेगा। अगर हम नम्बर"4" को पूरी तरह न भी करें, तो क्या होगा? पहली तीन चीज़ें करके भी आप कैलिफ़ोर्निया पहुँच सकते हैं।

1. **अंदर जाएँ – चलाना शुरू करें**
2. **उत्पादों का इस्तेमाल करें**
3. **हाई गियर में पहुँचें**
4. **मित्रों को बताएँ (रिटेल)**

बहरहाल, ग़ौर करें : अगर आपने नंबर 3 चीज़ नहीं की है (**हाई गियर** में पहुँचना) और नंबर 4 बहुत ज़्यादा कर ली है, तो क्या होगा? ऐसी स्थिति में तो आप कभी ड्राइव-वे के बाहर भी नहीं पहुँच पाएँगे। (सेल्समैन यही करते हैं।) एक बार जब आप यह समझ लेते हैं और इसे नैपकिन प्रेज़ेंटेशन #1 और #2 के साथ जोड़ लेते हैं, तो एमएलएम के बारे में आपका नज़रिया सही होने लगेगा।

नए व्यक्ति के साथ शुरुआत करते समय आप उनके अवचेतन में **"5" की संख्या** डालना चाहते हैं। आपको तो बस 5 गंभीर लोगों को खोजने की ज़रूरत है, जो बिज़नेस के बारे में गंभीर होना चाहते हैं।

जब आप लोगों से टकराते हैं और पूछते हैं कि वे

कैसा प्रदर्शन कर रहे हैं, तो आपको यह प्रतिक्रिया सुनाई दे सकती है, "अरे, मुझे तो कोई ऐसा व्यक्ति मिल ही नहीं रहा है, जो बेचना चाहता हो।" एक बार फिर "बेचना" शब्द आ गया! उन लोगों की **तलाश छोड़ दो**, जो बेचना चाहते हों! उन लोगों की **तलाश करो**, जो हर दिन "काम पर जाए" बिना हर महीने 600, 1,200 या 1,500 डॉलर कमाना चाहते हों। क्या आप या वे किसी ऐसे व्यक्ति को जानते हैं? मेरा, आपका और उनका जवाब होगा, "हाँ - हर व्यक्ति!" देखिए, यही वे लोग हैं, जिनसे आपको बात करनी चाहिए, क्योंकि हर कोई इस तरह की आमदनी पाना चाहेगा।

बस यह संकेत करें कि बिज़नेस बनाने के लिए उन्हें अपने ख़ाली समय में हर सप्ताह 5 से 10 घंटे का समय देना पड़ सकता है। लेकिन फिर हम जल्दी से कहते हैं, "इसमें क्या ग़लत है?"

कई बार लोग एमएलएम प्रोग्राम में आ जाते हैं और न जाने क्यों यह सोचने लगते हैं कि अब वे सदस्य बन गए हैं, तो बाक़ी सब अपने आप हो जाएगा। ऐसा नहीं है! याद रखें, हम जिस कार से कैलिफ़ोर्निया की यात्रा पर जा रहे हैं, उसमें कोई **ऑटोमैटिक** ट्रांसमिशन **नहीं** है।

मैं जानता हूँ और निश्चित रूप से आप भी उन लोगों को जानते होंगे, जो कोई डिग्री लेने के लिए कॉलेज गए हों और इसमें कुछ भी ग़लत नहीं है। शायद आप भी उनमें से एक हों। आप हर दिन कॉलेज जाते हैं। फिर आप पूरे दिन और आधी रात तक पढ़ते हैं, सप्ताह दर सप्ताह, **बरसों** तक। इसके बाद जब आप आख़िरकार स्नातक होकर निकलते हैं - तो कितने पैसे कमा सकते हैं?

इसलिए हर सप्ताह अपना 5-10 घंटे का समय 10 नैपकिन प्रेज़ेंटेशन सीखने में, अपनी चुनी हुई एमएलएम कंपनी के बारे में हर चीज़ **सीखने** में लगाएँ। जब आप इन प्रेज़ेंटेशन को सीख और समझ जाते हैं, तो उन्हें दूसरों को सिखा सकते हैं। आप इस वक़्त जो पुस्तक पढ़ रहे हैं, वह आपके भविष्य की सफलता की कुंजी है।

आप यहाँ जो सीख रहे हैं, उसे आप किसी को नहीं सिखा सकते, यह सोचकर तनाव में न आएँ। हो सकता है कि आप ये अवधारणाएँ पहली बार पढ़ या सुन रहे हों। दरअसल हम आपसे यह उम्मीद भी नहीं कर सकते कि आपको ये बातें इतनी अच्छी तरह पता होंगी कि इन्हें दूसरों को सिखा दें। लेकिन **आपको इसकी ज़रूरत ही नहीं** है!

याद रखें, किसी मल्टी-लेवल मार्केटिंग प्रोग्राम में दाख़िल होने के लिए आपको एक **स्पॉन्सर** की ज़रूरत होती है। अगर आपका स्पॉन्सर **सच्चा** "स्पॉन्सर" है, तो वह आपके पहले 5 लोगों के साथ आपकी मदद करेगा। ग़ौर करें : यह एक **सहायक संबंध है**। मीटिंग्स (चाहे वे अकेले इंसान के साथ हों या समूह के साथ) में आपके मित्रों के सामने नैपकिन प्रेज़ेंटेशन को देने की प्रक्रिया में आपका स्पॉन्सर आपको भी प्रशिक्षित कर रहा है।

सुझाव के रूप में हम कहते हैं कि आप अपने लिए किसी तरह का लक्ष्य तय कर लें। जब आप प्रोग्राम में सीढ़ी पर लगभग 20 प्रतिशत ऊपर हों, तब तक आपको **दस नैपकिन प्रेज़ेंटेशन को जान** और **समझ** लेना चाहिए। जब आप उस सीढ़ी पर 75 प्रतिशत ऊँचाई पर पहुँच जाएँ, तब तक आपको दूसरों को **सिखाने** में समर्थ हो जाना चाहिए। जब आप शिखर पर या उसके क़रीब हों, तो अपने लोगों को यह **सिखाने में** समर्थ हो जाना चाहिए कि दूसरों को **कैसे सिखाएँ**। यह बहुत लाभकारी चीज़ है और आप तुलनात्मक रूप से कम समय में ही इसमें **माहिर** हो सकते हैं।

इस पुस्तक और/या **सीडी** को बार-बार पढ़ें या सुनें। अगर आपसे कहा जाए कि आज से एक साल बाद आप **हर महीने 2, 3, 4** या **6 हज़ार डॉलर** भी कमा सकते हैं, बशर्ते ऊपर दी गई चीज़ें कर लें और इस सामग्री को 5, 6 या 10 बार अच्छी तरह पढ़ लें, तो आप क्या करेंगे? क्या आप इसकी ख़ातिर सप्ताह में 5 से 10 घंटे देने के लिए तैयार होंगे?

देखिए, आपको स्वीकार करना ही होगा कि यह "स्कूल जाने" का काफ़ी अच्छा तरीक़ा है, है ना? कॉलेज की पाठ्यपुस्तकों पर नज़र डालें और उनमें लिखी बातें सीखने की कोशिश करें; वैसे उनसे आप इस तरह का पैसा नहीं बना सकते!

एमएलएम यूनिवर्सिटी में आपका स्वागत है!

चार चीज़ें जो आपको करनी हैं

1. अंदर जाएँ - शुरू कर दें
2. उत्पाद का इस्तेमाल करें
3. हाई गियर में पहुँचें
4. मित्रों को बताएँ (रिटेल)

नोट्स

अध्याय 5

नैपकिन प्रज़ेन्टेशन #4
आधारशिला तक खुदाई करें

हताशा एक ऐसी समस्या है, जो आपके द्वारा स्पॉन्सर किए हुए किसी नए वितरक को आसानी से व्याकुल कर सकती है, अगर आप उस पर **शुरुआती बढ़त** हासिल करने के महत्त्व की छाप छोड़ने में असफल रहते हैं। इसीलिए हम इस बात पर ज़ोर देते हैं कि वे बिज़नेस में अपने महीने तब तक **गिनना शुरू न करें**, जब तक कि उनका **प्रशिक्षण माह** या प्रशिक्षण काल पूरा न हो जाए, चाहे इसमें कितना ही लंबा समय लगे।

जब लोग पहले पहल किसी एमएलएम संगठन में आते हैं, तो **शुरुआती बढ़त** के बिना हो सकता है कि वे अपने बहुत आगे के लीडरों को देखकर हताश हो जाएँ और यह सोचने लगें कि वे कभी उनकी बराबरी नहीं कर पाएँगे।

धावकों के समूह का चित्र बनाएँ। एक धावक को दिखाने वाले तीर पर ग़ौर करें, जो समूह की बराबरी पर आने की कोशिश कर रहा है और उस धावक को दिखाने वाले दूसरे तीर को देखें, जो दूसरों से आगे बने रहने के लिए और भी **ज़्यादा तेज़ी** से दौड़ने की कोशिश कर रहा है। (इस बिंदु को चित्रांकित करने के लिए गोले बनाना ज़्यादा आसान होता है।) याद है, जब आप स्कूल

में शारीरिक प्रशिक्षण ले रहे थे और दौड़ रहे थे? लोग किसी समूह की बराबरी करने के बजाय समूह से आगे बने रहने के लिए ज़्यादा तेज़ी से दौड़ेंगे। चूँकि इस दौड़ में कोई "फ़िनिश लाइन" नहीं है, इसलिए आप सभी विजेता बन सकते हैं। मेरे पादरी ने मुझे एक उद्धरण दिया था, जो मेरे ऑफ़िस में लगा हुआ है। इस पर लिखा है :

"सिर्फ़ वही पराजित होते हैं, जो प्रयास छोड़ देते हैं"

बहरहाल, अगर किसी को अच्छी तरह दौड़ना है, तो इसके लिए उसे प्रशिक्षण लेना होता है। जब आप किसी को स्पॉन्सर करते हैं, तो उनसे कहें कि वे बिज़नेस के शुरुआती 2 से लेकर 6 सप्ताह तक की अवधि को अपना प्रशिक्षण माह मानें। दरअसल, उनका **अगला** महीना ही उनकी **शुरुआत** का महीना होगा।

वे जो भी पढ़ते या सुनते हैं, जिन मीटिंग्स में जाते हैं, अपने स्पॉन्सर तथा अन्य लोगों से मिलते हैं, जिन उत्पाद को आज़माते हैं और जिन उत्पाद को मित्रों तक पहुँचाते हैं – यह सारा प्रशिक्षण बिज़नेस में उन्हें **शुरुआती बढ़त** दे रहा है, क्योंकि उनकी गिनती **अगले महीने** से शुरू होने वाली है। अगला महीना आने के बाद भी अगर वे प्रोग्राम के बारे में गंभीर होने को तैयार नहीं हैं, तो यह मानें कि उनका **प्रशिक्षण माह** या काल अब भी चल रहा है। उनसे कहें कि वे अपने महीने तब तक गिनना शुरू न करें, जब तक कि गंभीर होने के लिए तैयार न हों। इसका फ़ायदा यह होगा कि जब वे आख़िरकार गंभीर होते हैं, तो वे दौड़ के लिए "वॉर्म-अप" करेंगे, उन्हें **शुरुआती बढ़त** मिल जाएगी और वे ज़्यादा तेज़ी से दौड़ सकेंगे।

इन सारी नैपकिन प्रेज़ेंटेशन का एक मुख्य लाभ यह है कि आप उन्हें अपने नए वितरक और प्रॉस्पेक्ट को बता सकते हैं या प्रशिक्षण कार्यक्रम तैयार कर सकते हैं, जिससे उनमें **स्व–प्रेरित** होने की प्रवृत्ति आ जाती है। जब भी मैं "2x2 चार होते हैं" वाली प्रस्तुति दिखाता हूँ, तो एमएलएम की संभावनाओं के बारे में फिर से रोमांचित हो उठता हूँ।

आगे के पन्नों में मैं आपको एक चीज़ दिखाने जा रहा हूँ, जिसे पढ़ने और समझने के बाद जब भी आप किसी निर्माणाधीन ऊँची ऑफ़िस की इमारत को देखेंगे, तो हर बार प्रेरित और प्रोत्साहित हो जाएँगे।

ग़ौर करें कि जब निर्माण कार्य शुरू होता है, तो लगता है मानो इमारत को ज़मीन से ऊपर उठने में महीनों, लगभग अनंत काल लग जाता है, तब कहीं जाकर यह ऊपर उठती है। लेकिन एक बार जब यह ज़मीन के स्तर से ऊपर उठ जाती है, तो एक सप्ताह में एक मंज़िल की गति से उठती नज़र आती है – यह बड़ी **तेज़ी** से ऊपर की ओर उठती है।

उस ऊँची ऑफ़िस इमारत को अपना संगठन मान लें, जो यह **किसी दिन** होगा और बस सोचें कि इसे पाने के लिए आपको क्या करना होगा।

जब आप पहले पहल उन शुरुआती पाँच गंभीर लोगों को स्पॉन्सर करना शुरू करते हैं, तो आप किसी **फावड़े** या **कुदाली** से खुदाई कर रहे हैं।

लेकिन ग़ौर करें कि जब आप अपने लोगों को स्पॉन्सर करना सिखाकर दूसरे स्तर तक खुदाई कर लेते हैं, यानी जब 25 लोग हो जाते हैं, तो आपको **बुलडोज़र** लाने पड़ते हैं।

जब आप अपने लोगों को सिखा देते हैं कि उनके समूह के लोगों को स्पॉन्सर करना कैसे सिखाना है, तो आप आधारशिला तक पहुँचने की राह पर हैं और अब आप **भापचलित बेलचे** से खुदाई कर रहे हैं! जब आप तीसरे स्तर के 125 लोगों को देखना शुरू कर देते हैं, तो समझ लीजिए कि आप **आधारशिला** तक पहुँच गए हैं।

अब आप ऊपर उठना शुरू कर सकते हैं। जब आप अपने संगठन में **फोर डीप** (चार स्तर तक) होते हैं, तो इसका मतलब है कि अब आप "दिखना" शुरू कर रहे हैं और आपकी इमारत काफ़ी तेज़ी से ऊपर उठने वाली है।

इसलिए, अगर आप कई महीनों से बिज़नेस में हैं, मगर फिर भी आपको कुछ

हलचल होती नहीं दिख रही है, तो हताश न हों। बात बस यह है कि नींव अब भी निर्माणाधीन है। यह उस सोना खोजने वाले की तरह है, जो महीनों तक खान की खुदाई करने के बाद हार मान लेता है और खुदाई छोड़ देता है, जबकि वह सोने का भंडार खोजने से बस 6 इंच दूर होता है।

एक बार फिर, लौटकर अपने सेल्सपर्सन की ओर चलते हैं। उनके साथ भी यही होता है। जब वे आधारशिला तक पहुँचने ही वाले थे और इमारत को उठता देखने ही वाले थे, तभी उसे छोड़कर किसी दूसरी चीज़ की तरफ चल देते हैं। आप असल विकास के परिणामों को दरअसल तब तक देखने की उम्मीद नहीं कर सकते, जब तक कि कम से कम फ़ोर डीप न हो जाएँ। इसका मतलब यह नहीं है कि आपकी हर लाइन को 5 डीप **और** 4 डीप होने की ज़रूरत है। अगर आपकी एक भी लाइन 4 डीप है, तो इसका मतलब है कि आप मंज़िलें बनाना शुरू कर रहे हैं और दिखाई देने लगे हैं।

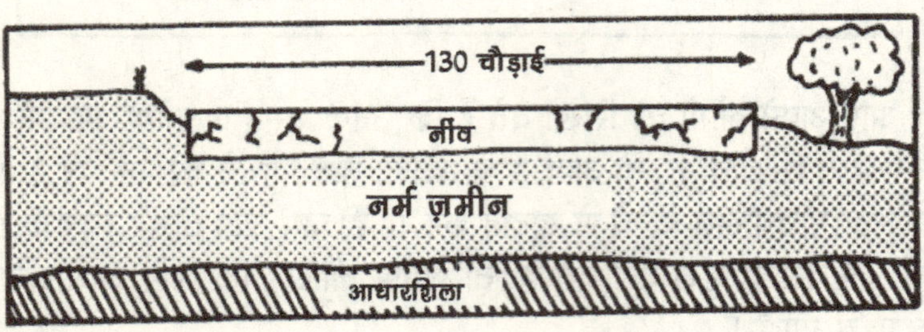

ऊपर चित्र में बताया गया है कि जो व्यक्ति 130 को स्पॉन्सर करता है, उसकी नींव कैसी दिखेगी। ग़ौर करें कि वे अब तक आधारशिला तक नहीं पहुँच पाए हैं, भले ही उनमें से प्रत्येक ने 5 "उत्पाद का इस्तेमाल करने वालों" या "थोक ख़रीददारों" को स्पॉन्सर कर लिया है और उनके पास 780 का समूह है। आधारशिला पर ठोस नींव के बिना इमारत कभी ज़्यादा ऊँची

नहीं बन सकती, वरना ढह जाएगी।

कैलिफ़ोर्निया की यात्रा पर इसे लागू करें, तो यह वैसा ही है, जैसे 130 को स्पॉन्सर करने वाला व्यक्ति बहुत ज़्यादा बार पहले गियर में रहा था। अगर उनमें से प्रत्येक 5 को स्पॉन्सर कर लें, तब भी वह कभी सेकेंड गियर के बाहर नहीं निकल पाता!

इन नैपकिन प्रेज़ेंटेशन को **सीख** लें और इनका **इस्तेमाल करें!** आप सेकेंड गियर में नहीं अटकेंगे। अपनी नींव गहरी बनाएँ, **आधारशिला** तक नीचे जाएँ। इससे आप **हाई गियर** में पहुँच जाएँगे!

जब हम नैपकिन प्रेज़ेंटेशन #9 (अध्याय 10) तक पहुँचेंगे, जो प्रेरणा और नज़रिये पर है, तो आप पूरी तरह समझ जाएँगे कि **गहरी नींव** बनाना क्यों महत्त्वपूर्ण है। नैपकिन प्रेज़ेंटेशन #5 पर जाने से पहले मैं आपको याद दिलाना चाहता हूँ कि आपको शुरुआती चार प्रेज़ेंटेशन अपने लोगों को **जल्द से जल्द** दिखा देना चाहिए। आगे आने वाले नैपकिन प्रेज़ेंटेशन किसी भी समय बताए जा सकते हैं, जब आपके लोग दूसरों को बिज़नेस में स्पॉन्सर करना शुरू कर दें।

नोट्स

अध्याय 6

नैपकिन प्रेज़ेंटेशन #5
समुद्र में जहाज़

अब **आप** अपने बिज़नेस में एक सप्ताह, दो सप्ताह, एक महीने या इससे ज़्यादा समय तक रह चुके हैं। इसके बाद आपको गंभीर होने और **विकास** करने का निर्णय लेने की ज़रूरत होती है। इस समय तक आप कई लोगों को स्पॉन्सर कर चुके हैं।

यह प्रेज़ेंटेशन किसी एक व्यक्ति के बजाय समूह के सामने देने में ज़्यादा मज़ेदार होता है।

लगभग हर व्यक्ति ने यह वाक्यांश सुना होगा, "जब मेरा जहाज़ आएगा तो..." मुझे उस निराशावादी की याद आती है, जिसने मज़ाक़िया अंदाज़ में कहा था, "मेरी क़िस्मत तो ऐसी है कि जब मेरा जहाज़ आएगा, तब मैं या तो बस स्टॉप पर रहूँगा या हवाई अड्डे पर।"

मल्टी-लेवल मार्केटिंग में आप सचमुच अपने जहाज़ को बुलवा **सकते** हैं! अगर आप इन नैपकिन प्रेज़ेंटेशन को सीख लें और इन पर अमल करें, तो जब आपका जहाज़ आएगा, तो आप वहाँ मौजूद रहेंगे।

मैं कई बार लोगों से पूछता हूँ कि क्या उनका कोई लंबे समय से खोया रिश्तेदार है, जो मरने वाला है और उनके नाम बहुत सारा पैसा छोड़कर जाने वाला है। सच्चाई यह है कि अधिकतर लोगों के पास ऐसी किसी घटना का ज़्यादा मौक़ा नहीं होता है। अधिकतर लोगों के पास दरअसल अपने जहाज़ को बुलाने का भी ज़्यादा मौक़ा नहीं होता है। हालाँकि, मल्टी-लेवल मार्केटिंग में वे ऐसा कर **सकते** हैं!

इसी वजह से मैं एमएलएम के बारे में **रोमांचित** हूँ। जब आप लोगों से बात कर रहे हैं, तो उन्हें **आशा** दे सकते हैं – यह आशा कि उन्हें किसी कंपनी में अगले 30–40 साल तक नौकरी करते रहने की ज़रूरत नहीं है, वह भी सिर्फ़ इसलिए ताकि वे पेंशन के हक़दार हो सकें और रिटायर हो सकें। क्या आपने कभी ग़ौर किया है कि कैसे लोग 30–40 साल तक काम करते हैं, ताकि वे रिटायर हो सकें और "संसार देख सकें," हालाँकि तब उन्हें अपनी आधी आमदनी में गुज़ारा करना होगा?

मल्टी-लेवल मार्केटिंग सचमुच इन लोगों को अपने सपने साकार करने का अवसर देती है और इसके लिए उन्हें 30–40 साल तक इंतज़ार क़रने या नौकरी करने की ज़रूरत भी नहीं है।

अधिकतर लोग अपना खुद का बिज़नेस शुरू करने की कोशिश से घबराते हैं। एमएलएम उन्हें यह अवसर देता है कि वे अपनी वर्तमान नौकरी या काम को छोड़े बिना इसमें शामिल हों और इसे आज़माकर देखें।

अब मैं आपको यह दिखाऊँगा कि **आप** कैसे अपने **जहाज़ को अंदर बुलवा** सकते हैं। इसका अर्थ यह है कि आप जिस मल्टी-लेवल मार्केटिंग संगठन में काम कर रहे हैं, उसके शिखर तक कैसे पहुँचें।

जब आपका जहाज़ आता है, तो जो भी सामान इस पर लदा है, आप उसे "भुनाने" जा रहे हैं।

किसी को यह उपमा दिखाते समय मैं समुद्र में तीन जहाज़ों का चित्र बना देता हूँ। आप नैपकिन के एक तरफ़ या नीचे "किनारा" बना देते हैं - जहाँ आप अपने जहाज़ का इंतज़ार कर रहे हैं।

पहले जहाज़ पर **"सोना"** लिखें, दूसरे पर **"चाँदी,"** और तीसरे जहाज़ पर **"ख़ाली"**।

जहाज़ आपके संगठन के लोगों का प्रतिनिधित्व करते हैं, चाहे आपने उन्हें सीधे स्पॉन्सर किया हो या नहीं। वे स्पॉन्सरशिप लाइन में नीचे के किसी भी लेवल पर हो सकते हैं।

जब आपका जहाज़ आता है, तो आप माल को "भुनाने" जा रहे हैं, यह जानने के बाद अब यह बताएँ कि आप किन जहाज़ों के साथ काम करने वाले हैं, ताकि उन्हें किनारे तक पहुँचाने में मदद कर सकें? आपने कहा, **"सोने"** वाले जहाज़ पर? ज़ाहिर है, ऐसा सभी को करना चाहिए! तो फिर ऐसा क्यों है कि अधिकतर लोग ख़ाली जहाज़ के साथ काम करना चाहते हैं? इसलिए, क्योंकि अधिकतर लोग पहले कभी इस जैसी किसी चीज़ में रहे ही नहीं हैं।

उपमा यह है : **"सोने" वाले जहाज़** वे हैं, जिन्हें आपने स्पॉन्सर कर दिया है तथा यह सोचकर उन्हीं के हाल पर छोड़ दिया है कि अब उन्हें किसी मदद या दिशा की ज़रूरत नहीं है और वे बस अपने आप काम कर लेंगे तथा सचमुच सफल हो जाएँगे। शायद वे ऐसा कर भी लें - लेकिन शायद न भी कर पाएँ। चौड़ाई के बजाय गहराई में बनाने की सफलता कुंजियों के बिना तो वे कभी सफल नहीं हो पाएँगे।

ख़ाली जहाज़ वे हैं, जो प्रोग्राम में कई साल से हैं, लेकिन उनसे मिलने पर हर बार आपको उन्हें विश्वास दिलाना पड़ता है कि यह कारगर होगा और वे **कामयाब** होंगे। वे थोड़े नकारात्मक होते हैं और उनमें आसानी से हताश होने की प्रवृत्ति होती है।

जब तक लोग यह प्रेज़ेंटेशन नहीं देख लेते, **तब तक** अधिकतर लोगों में ख़ाली जहाज़ के साथ काम करने की प्रवृत्ति होती है। बहरहाल, इसे समझ लेने के बाद वे **"सोने"** के जहाज़ों के साथ काम करने लगते हैं।

जब आप किसी को बिज़नेस में स्पॉन्सर करते हैं, तो उस वक़्त वे **चाँदी के जहाज़** होते हैं। **आप** उनके साथ कैसे काम करते हैं, बुनियादी तौर पर उसी

से यह तय होता है कि उनका माल **सोने** में बदलता है या वे **ख़ाली** हो जाते हैं।

पहली प्रेज़ेंटेशन में हमने आपके 5 **गंभीर लोगों** के बारे में बात की थी। वही आपके **5 सोने के जहाज़** थे। सरल भाषा में कहें, तो आपके पास सोने में बदलने वाले जितने अधिक चाँदी के जहाज़ होते हैं, आपको अपने पाँच गंभीर लोगों को पाने के लिए उतने ही कम लोगों को स्पॉन्सर करने की ज़रूरत होती है।

यहाँ यह बताया जा रहा है कि आप किसी **सोने के जहाज़** या **गंभीर व्यक्ति** को कैसे पहचान सकते हैं :

1. वे **सीखने** के लिए **उत्सुक** होते हैं। उनके पास बहुत-से सवाल रहते हैं और वे जवाब की तलाश में आपको हर समय फ़ोन करते रहते हैं।

2. **वे मदद माँगते हैं।** उनके पास कोई होता है, जिससे मिलते समय वे आपको अपने साथ रखना चाहते हैं, ताकि उसे स्पॉन्सर या प्रशिक्षित किया जा सके।

3. वे **बिज़नेस को लेकर रोमांचित** होते हैं। वे प्रोग्राम के बारे में इतना समझ जाते हैं कि यह कारगर होगा। और इससे वे रोमांचित हो उठते हैं!

4. वे **समर्पित** होते हैं। वे **उत्पाद** ख़रीद रहे हैं और उनका **इस्तेमाल** कर रहे हैं। यही नहीं, वे उत्पाद और बिज़नेस अवसर के बारे में जितना ज़्यादा सीख सकते हैं, अपने ख़ाली समय में उतना सीखने की कोशिश कर रहे हैं।

5. उनके पास **लक्ष्य** होते हैं। लक्ष्य किसी व्यक्ति को वह पाने के लिए प्रेरित करते हैं, जिसे वे सचमुच चाहते हैं। उन्हें लिखना अनिवार्य नहीं है (लेकिन इससे कोई नुक़सान भी नहीं होता), जब तक कि आपके दिमाग़ में कुछ निश्चित चीज़ें ही हों, जिन्हें हासिल करने की आपमें प्रबल, धधकती हुई इच्छा हो।

6. उनके पास **नामों की सूची** होती है। यह सूची **लिखित होनी चाहिए।** इसे लिखने की एक वजह है : आप इसमें किसी भी समय कोई नाम जोड़ सकते हैं और निश्चिंत रह सकते हैं कि बाद में उस नाम को नहीं भूलेंगे। हो सकता है कि आप किसी इलाक़े में हों, जहाँ कुछ समय से

न गए हों। बस वहाँ रहने भर से ही आम तौर पर आपको कोई ऐसा व्यक्ति याद आ जाएगा, जो वहाँ रहता है या रहा करता था। चूँकि आपके पास **हमेशा** (सही है?) अपने नामों की सूची रहती है, इसलिए तुरंत उसका नाम अपनी सूची में जोड़ सकते हैं। कुछ दिनों बाद जब आप किसी को फ़ोन करने के बारे में सोच रहे हों, तो अपनी सूची पर निगाह डाल सकते हैं और लो, वहाँ वह नाम दिख जाता है! जब आपने इस बारे में सोचा था, तब अगर उसे नहीं लिखा होता, तो हो सकता है कि आप उसके बारे में दोबारा कभी सोच ही नहीं पाते।

7. उनके **साथ रहना मज़ेदार** होता है। वे आपके आने का इंतज़ार करते हैं, चाहे यह आनंद के लिए हो या व्यवसाय के लिए।

8. वे **सकारात्मक** होते हैं। हम सभी सकारात्मक सोच वाले लोगों के इर्द-गिर्द रहना पसंद करते हैं - यह संक्रामक होता है!

सोने के जहाज़ को पहचानने की सूची इसी तरह आगे बढ़ सकती है।

बुनियादी तौर पर **चाँदी** के जहाज़ और **सोने** के जहाज़ में एकमात्र फ़र्क़ यह होता है कि चाँदी का जहाज़ इतने लंबे समय से बिज़नेस में नहीं है कि वह इसके बारे में सचमुच गंभीर होने के महत्त्व को समझ पाए।

मैं चाहता हूँ कि आप **तीन महत्त्वपूर्ण शब्दों** को जान लें। अगर आप बस इन तीन शब्दों को समझ लेते हैं, तो फिर समझ जाएँगे कि सारे एमएलएम प्रोग्राम को कौन-सी चीज़ कारगर बनाती है। वे शब्द हैं :

#1. दिखाएँ

#2. शामिल करें

#3. सुधार करें

आपको पहली चीज़ यह करनी है कि सामने वाले को वह बिज़नेस **दिखाएँ**, जिसमें आप हैं। एक बार जब ऐसा कर दें, तब उन्हें **शामिल** करें। एक बार जब वे शामिल हो जाएँ, तो वे इस बारे में सोच रहे होंगे कि इस प्रोग्राम में कितनी दूर तक जा सकते हैं और लगातार खुद में **सुधार** करते रहेंगे।

उन्हें मल्टी-लेवल मार्केटिंग **दिखाने** के लिए उत्पाद को पहुँचाने की विभिन्न विधियों (रिटेल, डायरेक्ट सेल्स, एमएलएम) के बारे में समझाएँ। साथ ही, नैपकिन प्रेज़ेंटेशन #1 "दो दूनी चार होते हैं" (अध्याय 2) दिखाएँ।

उन्हें **शामिल** करें। नैपकिन प्रेज़ेंटेशन #3 (अध्याय 4) के माध्यम से उन्हें कैलिफ़ोर्निया की यात्रा पर ले जाएँ।

जब वे सभी दस नैपकिन प्रेज़ेंटेशन को समझ लेते हैं और अंगीकार कर लेते हैं तथा शिखर पर अपनी नज़रें जमा लेते हैं, तो **सुधार** उनके लिए स्वाभाविक रहेगा।

जब आप अपने लोगों को फ़ोन करें या उनसे मिलने जाएँ, तो यह बहुत महत्त्वपूर्ण है कि उन्हें यह एहसास रहे कि आप उनकी **मदद करने की इच्छा** से ऐसा कर रहे हैं, **दबाव डालने** की ख़ातिर नहीं।

ख़ाली जहाज़ जैसे इंसान के बारे में : जब आप उनकी मदद करने की इच्छा से उन्हें फ़ोन करते हैं, तो आपको महसूस होता है कि आपके फ़ोन करने से वे दरअसल रोमांचित नहीं हुए थे। यह बहुत अच्छा संकेत है कि वे यह महसूस कर रहे होंगे कि आप उन पर "दबाव" डाल रहे हैं और उन्हें परेशान कर रहे हैं। जब आप "ख़ाली जहाज़ों" को फ़ोन करते हैं, तो वे सोचते हैं कि आप उन पर दबाव डाल रहे हैं।

दूसरी ओर, जब आप किसी सोने के जहाज़ को फ़ोन करते हैं, तो वे भाँप जाते हैं कि आप इसलिए फ़ोन कर रहे हैं, क्योंकि आप मदद करना चाहते हैं और यह बात आपको उनकी बातचीत के लहज़े से समझ में आ जाती है।

"ख़ाली जहाज़ों" के पास लक्ष्य नहीं होते, उनके पास नामों की सूची नहीं होती, वे निश्चित रूप से गंभीर नहीं होते और इसके अलावा, सबसे बड़ी बात वे आम तौर पर थोड़े नकारात्मक भी होते हैं। वे वही हैं, जिनके सामने आपको हर समय चीज़ें साबित करते रहने की ज़रूरत होगी।

यह एहसास कर लें कि जब ख़ाली जहाज़ डूबता है, तो या तो यह अकेला डूबेगा या अगर आप सोने के जहाज़ के बजाय ख़ाली जहाज़ों के साथ काम करते हैं, उस स्थिति में यह आपको भी अपने साथ घसीटकर ले डूबेगा। इसीलिए मैं अपने लोगों को प्रशिक्षित करता हूँ कि वे ख़ाली जहाज़ों से दूर रहें और सोने के जहाज़ों के साथ काम करें। या फिर चाँदी के जहाज़ों के साथ,

ताकि उन्हें सोने के जहाज़ों में बदला जा सके। अपना अधिकतर समय सोने के जहाज़ों को दें, ताकि आप उनके संगठनों की डाउनलाइन गहरी करने में मदद कर सकें।

जो ख़ाली जहाज़ डूबे नहीं हैं (यानी प्रोग्राम से बाहर निकल गए हैं) और जो चाँदी के जहाज़ अब तक सोने के जहाज़ में नहीं बदले हैं, वे अचानक देखेंगे कि आप उन्हें छोड़कर आगे बढ़ गए हैं। हो सकता है कि वे आपको फ़ोन करें। अगर बिज़नेस के बारे में किसी इंसान का नज़रिया नीचे की ओर है, तो उसे बीच रास्ते में रोकना लगभग असंभव है। आपको लगभग हमेशा उसे तलहटी से टकराने देना होता है। फिर जब वे इसके लिए तैयार हों, **आपको फ़ोन करें** और दोबारा बेहतर होना चाहें, शुरू करना चाहें, विकास करना चाहें, तो आप उन्हें बहुत जल्द ऊपर ला सकते हैं। लेकिन जब वे नीचे की ओर जा रहे होते हैं, तब अगर आप उन्हें ऊपर लाने की कोशिश का जोखिम लेते हैं (यानी किसी डूबते जहाज़ और वह भी ख़ाली जहाज़ के साथ काम करने का), तो इस बात की बहुत आशंका है कि वे अपने साथ आपको भी नीचे घसीटकर ले जा सकते हैं।

यह अपने वितरक के साथ संवाद करने का थोड़ा आनंददायक तरीक़ा है। उनसे मिलने पर पूछें कि उनके जहाज़ों की क्या स्थिति है; कितने सोने के हैं? – कितने चाँदी के हैं? – आदि।

यहाँ एक **महत्त्वपूर्ण बिंदु पर ध्यान दें : कभी भी** किसी नए वितरक को फ़ोन करके यह न पूछें कि उसने पिछले सप्ताह **कितना** सामान **बेचा!** अगर आप ऐसा करते हैं, तो आप उसे बताई हर चीज़ को पूरी तरह से ख़ारिज कर देते हैं, क्योंकि आपने उसे सबसे पहले यही बताया था कि उसे बाहर जाकर **बेचने** की ज़रूरत नहीं है। उसे तो बस अपने मित्रों को **बताना** था, **स्पॉन्सर करना** था और एक संगठन **बनाना** था।

अगर आप उससे पूछते हैं कि उसने कितना सामान बेचा है, तो सबसे पहले उसके दिमाग़ में यही आएगा कि आपकी रुचि केवल यह जानने में है कि आप उसके ज़रिये कितना पैसा हासिल करने वाले हैं – और वह शायद सही सोच रहा होगा।

पैसा अपने आप आएगा, बशर्ते आप **सफल होने** में **अपने लोगों की मदद करें।** ज़िग ज़िग्लर ने इसे इस तरह कहा था : "आपको संसार की कोई भी

मनचाही चीज़ मिल सकती है, बशर्ते आप दूसरों की मनचाही चीज़ें हासिल करने में **अन्य लोगों की पर्याप्त मदद** कर दें।"

मान लें, आप अपने संगठन के किसी व्यक्ति से बात करना चाहते हैं, जिसे आपने सीधे स्पॉन्सर किया था। इससे पहले यथासंभव उनके किसी डाउन-लाइन को फ़ोन करें और उनसे थोड़ी बातचीत करके देखें कि क्या कोई ऐसा व्यक्ति है, जिससे वे मिलना या बात करना चाहते हैं, क्योंकि इस सिलसिले में आप उनकी मदद कर सकते हैं। इसके बाद आप पहले लेवल के उस व्यक्ति को फ़ोन कर सकते हैं, जिससे आप मूलतः बात करना चाहते थे। आप उन्हें पहली चीज़ यह बताते हैं कि आप अभी-अभी उनके एक वितरक से बात कर रहे थे, जो रोमांचित है और यह कि आप उससे मिलने जा रहे हैं।

जब आप फ़ोन करें या मिलें, तो अपने लोगों के सामने यह प्रदर्शित करें कि आप उनकी **मदद** करना चाहते हैं, उनकी "जाँच" करने नहीं आए हैं।

अपने लोगों की "जाँच करना" आपका नहीं, किसी डायरेक्ट सेल्स कंपनी के सेल्स मैनेजर का काम है। हम डायरेक्ट सेल्स में नहीं हैं – हम तो मल्टी-लेवल मार्केटिंग में हैं। अब तक आपको यह फ़र्क़ समझ लेना चाहिए।

इस प्रेज़ेंटेशन को समेटते हुए मैं आपको बताना चाहूँगा कि आप "ख़ाली" जहाज़ **नहीं** हैं। अगर होते, तो शायद यह पुस्तक नहीं पढ़ रहे होते। अगर आप महसूस करते हैं कि पुस्तक पढ़ना शुरू करते वक़्त आप एक ख़ाली जहाज़ थे, तो यहाँ तक आने के बाद शायद आप "सोने" के जहाज़ बन चुके हैं या कम से कम "चाँदी" के तो बन ही चुके हैं और सोने का जहाज़ बनने की राह पर हैं! अपनी यात्रा जारी रखें!

नोट्स

नोट्स

अध्याय 7

नैपकिन प्रेज़ेंटेशन #6
थर्ड पार्टी इनविटेशन

इस प्रेज़ेंटेशन का विषय है **प्रॉस्पेक्टिंग**, जो दरअसल "समुद्र में जहाज़" प्रेज़ेंटेशन के साथ जुड़ी है। अधिक सरलता से कहें, तो हम प्रॉस्पेक्टिंग को **थर्ड पार्टी इनविटेशन** कहते हैं। यह महत्त्वपूर्ण है कि आपके सभी लोग यह जान लें कि **थर्ड पार्टी इनविटेशन** क्या होता है और इसे कैसे किया जाता है।

व्याख्या : अगर मैं कैरल को जानता हूँ, तो मैं जाकर उससे सीधे यह **नहीं** पूछता कि क्या वह थोड़ी अतिरिक्त आमदनी कमाने में रुचि रखती है। मैं इस वजह से यह नहीं करता हूँ, क्योंकि भले ही कैरल कुछ अतिरिक्त धन कमाना चाहती हो (या उसे उसकी ज़रूरत हो), तब भी वह शायद चाहेगी कि मैं सोचूँ कि उसकी आर्थिक स्थिति अच्छी है और वह कहेगी, "नहीं, मेरी दरअसल कोई रुचि नहीं है।"

तो फिर मैं क्या **कर** सकता हूँ? मैं कैरल के पास जाकर इस तरह की बात कह सकता हूँ, "कैरल, मैंने एक नए रोमांचक बिज़नेस में काम शुरू किया है और आप मेरी मदद कर सकती हैं। क्या आप **किसी को जानती हैं**, जो थोड़ी अतिरिक्त आमदनी कमाने में रुचि रखता हो?" (या, "दूसरे बिज़नेस में जाने में रुचि रखता हो?")

"थर्ड पार्टी" पर ग़ौर करें – **किसी को**। मैं उससे पूछ रहा हूँ कि क्या वह **किसी को जानती है।**

इस संबंध में थोड़े प्रयोग करें। आप जिन अगले दस लोगों से मिलें (गैस स्टेशन अटेंडेंट, पंसारी, नाई, क्लीनर्स आदि), उनसे पूछें कि क्या वे **किसी को जानते** हैं, जो थोड़ी अतिरिक्त आमदनी कमाना चाहेगा। इसके बाद बस

उनकी प्रतिक्रिया देखें। उनकी प्रतिक्रिया आपको कुछ बता देगी।

अधिकतर समय उनकी प्रतिक्रिया शायद यह होगी, "यह क्या है?" वे "यह क्या है?" इस कारण कहते हैं, क्योंकि **वे** जिस व्यक्ति को **जानते** हैं, जो थोड़ी अतिरिक्त आमदनी कमाना पसंद करेगा, वे **वह ख़ुद** हैं - वे तो बस निर्णय लेने से पहले इसके संबंध में थोड़ा अधिक जानना चाहते हैं।

जब वे कहते हैं, "यह क्या है?", तो उन्हें तुरंत ही जानकारी का बड़ा इंजेक्शन न लगाएँ। कुछ लोग इस बात पर नाराज़ हो जाते हैं, अगर उन्हें डेढ़ घंटे के प्रेज़ेंटेशन के लिए किसी दूसरे के घर खींचकर ले जाया जाए और उन्हें ज़रा भी पता न हो कि वे वहाँ क्यों जा रहे हैं। (कुछ कंपनियाँ अपने लोगों को कुछ न कहने का प्रशिक्षण देती हैं।) जब वे आपसे पूछें, तो आपका जवाब यह होना चाहिए, "क्या आप मल्टी-लेवल मार्केटिंग के बारे में कुछ जानते हैं?" वे या तो "हाँ" कहेंगे या फिर "नहीं।" अगर वे "हाँ" कहते हैं, तो उनसे पूछें कि वे इसके बारे में क्या जानते हैं। उनसे एमएलएम के बारे में **सामान्य चर्चा** करें। (अध्याय 1 - "एमएलएम की प्रस्तावना" देखें।) मल्टी-लेवल मार्केटिंग से जुड़ने की विशेषताओं और लाभों का ज़िक्र करें।

इसके बाद उन्हें अपने साथ बैठने के लिए आमंत्रित करें (अगर उनकी अब भी रुचि हो), ताकि वे उस **ख़ास प्रोग्राम** पर एक नज़र डाल सकें, जिसमें आप हैं। उनके सामने स्पष्ट कर दें कि उन्हें **पूरी कहानी** बताने में यही कोई एक घंटे का समय लगेगा। सड़क के किसी नुक्कड़ पर या जब वे काम कर रहे हों, उस वक़्त प्रोग्राम को "बंदूक की गोली" की तरह उनके दिमाग़ में डालने की कोशिश न करें। अगर उन्होंने **पूरी कहानी** नहीं सुनी है, तो वे दुविधा में पड़ जाएँगे। तब उनके पास **"नहीं"** कहने लायक़ दुविधापूर्ण जानकारी होगी और "हाँ" कहने लायक़ पर्याप्त जानकारी नहीं होगी।

अगर आप अपने लोगों को उसी तरह प्रशिक्षित करते हैं, जैसा आपको बताया गया है, तो आपको प्रॉस्पेक्टिंग करनी ही नहीं होती। आप बिज़नेस में जिन लोगों को लाए थे, उनकी मदद करने की प्रक्रिया में आप दूसरे लोगों से टकरा जाएँगे और बातें करने लगेंगे। इन लोगों से टकराने पर आप उनसे मल्टी-लेवल मार्केटिंग के बारे में बात करना चाहेंगे, ताकि अपने प्रोग्राम से उन्हें परिचित करा सकें। अधिकतर लोग इससे कतराते हैं, क्योंकि उनके मन में कुछ डर होते हैं। इन डरों की जड़ यह विचार है कि सामने वाला व्यक्ति उन्हें **"नहीं"** कह देगा। इसे **"अस्वीकृति का डर"** कहा जाता है।

हाई स्कूल का डांस इसका अच्छा उदाहरण है। एक लड़का पहली बार किसी डांस में जाता है। वह हॉल के पार चलकर जाता है और अपने साथ डांस के लिए एक लड़की से पूछता है, जिस पर वह "**इंकार**" कर देती है। तो अब वह लड़का **अस्वीकृति** को दिल पर लेकर मुड़ता है, वापस चलकर आता है और दोबारा कभी किसी लड़की से अपने साथ डांस करने के लिए नहीं पूछता है। वह क़सम खा सकता है कि पूरे ऑडिटोरियम में हर किसी ने उसे अस्वीकृत होते **देख** लिया था। दरअसल, किसी को भी अस्वीकृत होना अच्छा नहीं लगता।

दूसरे क़िस्म का लड़का किसी लड़की से डांस करने के लिए पूछेगा और अगर वह "**इंकार**" कर देगी, तो वह अगली लड़की से पूछेगा, और फिर अगली लड़की से... और वह लड़का रात भर डांस करता रहेगा।

अस्वीकृति के डर से **उबरने** के लिए मैं चाहता हूँ कि आप अपने दिमाग़ के साथ एक चाल चलें, ताकि अधिक लोगों से बात कर पाएँ। ऐसा करने के लिए अपने मन में यह चित्र देखें कि आप एक बंदरगाह पर खड़े हुए हैं। याद रखें, अगर आप **अपने** जहाज़ के आने का इंतज़ार कर रहे हैं, तो इसका मतलब है कि आप अपना या अपने जहाज़ पहले ही भेज चुके हैं।

आपको कुछ जहाज़ **भेजने** होते हैं। अगर आपने सिर्फ़ एक ही जहाज़ भेजा है और वह भी ख़ाली लौट आया, तो आपके जहाज़ के "आने" का फ़ायदा ही क्या होगा? आप जितने अधिक जहाज़ भेजते हैं, उतने ही बेहतर अवसर हैं कि उनमें से कुछ **सोना** लेकर लौटेंगे। **सोना** लेकर आने वाले जहाज़ ही तो हैं, जिनके साथ आपको काम करना चाहिए।

दरअसल, अधिकतर लोगों ने कभी कोई जहाज़ नहीं भेजा, इसलिए आपके अवचेतन में पहले से कुछ नहीं है, जो आपको चोट पहुँचा सके। आप तो जहाज़ भेजने की प्रक्रिया पर ग़ौर करें। जब आप किसी से पूछते हैं कि क्या वे **किसी को** जानते हैं, जो थोड़ी अतिरिक्त आमदनी कमाना चाहेगा, तो समझ लीजिए कि आपने अभी-अभी एक जहाज़ भेज दिया है। अगर वह कहता है, "नहीं, मैं किसी को नहीं जानता," तो आप कह सकते हैं, "ठीक है। अगर आपको कोई ऐसा व्यक्ति मिले, तो क्या आप उन्हें मेरा फ़ोन नंबर दे देंगे?" (अपना कार्ड उन्हें थमा दें।) यानी आप अस्वीकृत नहीं हुए हैं।

जहाज़ भेजने के केवल दो ही संभावित परिणाम होते हैं। या तो यह **तैरेगा**, या फिर **डूब** जाएगा।

अगर यह **डूब** जाता है, तो क्या! आप तो बंदरगाह पर खड़े हैं!

अगर यह **तैरता** है, तो बेहतरीन है! इसे बाहर भेज दें और सोना लाने वाले जहाज़ में बदलने में मदद करें।

नैपकिन प्रेज़ेंटेशन #5 और #6 देने के बाद लोग आपको बताएँगे कि वे "सोने" वाला जहाज़ बनने की योजना बना रहे हैं। वे आपको इस कारण यह बताते हैं, क्योंकि आपने अभी-अभी उनसे कहा है कि आप केवल **सोने के जहाज़ों** के साथ काम करते हैं और वे **चाहते हैं कि आप उनके साथ काम करें।** उनके आमंत्रण को स्वीकार कर लें - इससे आपको भी फ़ायदा होगा!

नोट्स

नोट्स

अध्याय 8

नैपकिन प्रेज़ेंटेशन #7
अपना समय कहाँ बिताएँ

नीचे एक ग्राफ़ दिया गया है, जो दिखाता है कि आपको अपना समय कहाँ बिताना चाहिए। बुनियादी तौर पर, शुरुआत में आपको अपना 100 प्रतिशत समय लोगों को स्पॉन्सर करने में लगाना चाहिए।

आप पूछते हैं, "लेकिन क्या मुझे प्रशिक्षण में समय नहीं देना चाहिए? आप ही ने तो कहा था कि पहले कुछ सप्ताह तक मेरा **प्रशिक्षण** चलना चाहिए?" आपकी बात सही है। लेकिन याद रखें, आपका स्पॉन्सर अगर दूसरों को स्पॉन्सर करने में आपकी मदद कर रहा है, तो यह भी तो आपके प्रशिक्षण का हिस्सा ही है। हालाँकि "काम" आपका स्पॉन्सर करता है, लेकिन स्पॉन्सर बनने का श्रेय तो **आपको** ही मिलेगा।

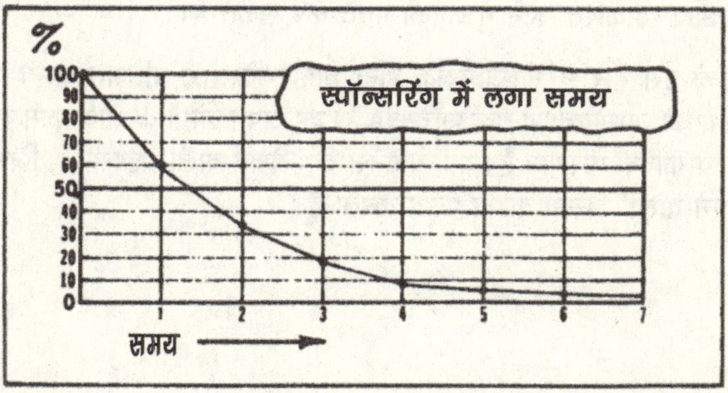

एमएलएम प्रोग्राम में आप जैसे ही दाख़िल होते हैं, उसी पल आप किसी दूसरे को भी बिज़नेस में स्पॉन्सर कर सकते हैं।

जब आप पहली बार एमएलएम में आते हैं, तो आपका बिज़नेस सिर्फ़ **आप** तक सीमित रहता है। अगर आप अपने बिज़नेस को सफल बनाना चाहते हैं, तो अब आप जान चुके हैं कि आपको स्पॉन्सर करने के लिए **5 गंभीर लोग** खोजने होंगे। इन 5 गंभीर लोगों को खोजने के लिए आपको 5 से अधिक लोगों को स्पॉन्सर करना पड़ सकता है।

जैसे-जैसे समय बीतता है, लोगों को स्पॉन्सर करने में लगने वाला समय कम होने लगता है। क्यों? क्योंकि अचानक आपको एक गंभीर व्यक्ति... फिर दो गंभीर व्यक्ति... फिर तीन... चार... मिल जाते हैं, और जब आपको पाँच गंभीर लोग मिल जाते हैं, तो आप स्पॉन्सर करने के लिए लोगों को खोजना छोड़ देते हैं। अब अपना समय उन 5 "सोने के जहाज़ों" को स्पॉन्सर करना **सिखाने** में लगाएँ। उन्हें यह भी सिखाएँ कि वे अपने लोगों को भी स्पॉन्सर करना सिखाएँ। जब वे अपने खुद के समूह को बनाने में थ्री या फ़ोर लेवल डीप हो जाते हैं और उन्हें आपकी ज़रूरत नहीं रह जाती, तो आप उनकी जगह स्पॉन्सर करने के लिए एक और गंभीर व्यक्ति की तलाश कर सकते हैं।

जब आपके पास पाँच गंभीर लोग हो जाते हैं, तो आपको अपना 95 प्रतिशत समय उनके साथ काम करने में बिताना चाहिए, 2.5 प्रतिशत समय मित्र-ग्राहकों की सेवा में लगाना चाहिए और बाक़ी का 2.5 प्रतिशत समय "बीज बोने" में लगाना चाहिए। इस तरह, जब आपके 5 गंभीर लोगों में से एक या अधिक की "फ़सल कट जाती है," और उन्हें "खाद-पानी" देने की ज़रूरत नहीं रह जाती, तो आप उन "बीजों" के साथ काम कर सकते हैं, जिन्हें आपने बोया था और अब आप "अंकुरित" होने में उनकी मदद कर सकते हैं।

आपको इस बारे में भी जागरूक होना चाहिए कि 100 प्रतिशत समय आप उत्पाद को उपभोक्ताओं तक पहुँचा रहे हैं। यह अपने लोगों के साथ काम करने का स्वाभाविक परिणाम है। यह बिज़नेस का "बेचने वाला" हिस्सा है, जिसे मैं "**बताने वाला**" हिस्सा कहना पसंद करता हूँ।

नोट्स

नोट्स

अध्याय 9

नैपकिन प्रेज़ेंटेशन #8
व्यंजन अपनी ख़ुशबू से बिकता है

इस प्रेज़ेंटेशन के लिए कई बार मैं एक अन्य शीर्षक का इस्तेमाल करता हूँ, वह है "लपट।" मैं मानकर चल रहा हूँ कि आपने कैम्पिंग की होगी। कैम्पिंग के दौरान आपने ग़ौर किया होगा कि जब आप कैंपफ़ायर के लट्ठों को अलग-अलग कर देते हैं, तो आग बुझ जाती है। अगर आप उन्हें दोबारा एक साथ रख देते हैं, तो आग सुलग उठती है। इसका मतलब है कि अगर आपके पास **एक ही लट्ठा** है, तो आपके पास **कुछ नहीं** है।

जब आप **दो लट्ठों** को एक साथ रख देते हैं, तो आपको **लौ** मिल जाती है।

जब आप **तीन लट्ठों** को एक साथ रख देते हैं, तो आपको **आग** मिल जाती है।

जब आप **चार लट्ठों** को एक साथ रख देते हैं, तो आपको **लपट** मिल जाती है!

लोग भी इसी तरह होते हैं। अगली बार जब आप अपने स्पॉन्सर के साथ किसी से मिल रहे हों, मिसाल के तौर पर किसी रेस्तराँ में, और सबसे पहले पहुँचे हों (यानी वहाँ अकेले ही हों), तो ग़ौर करें कि वहाँ टेबल के चारों ओर कितनी **ऊर्जा** है (या **नहीं है**)।

इस बात पर ध्यान दें कि जब आपका स्पॉन्सर आता है और आप दो लोग हो जाते हैं, तो ऊर्जा कितनी बढ़ जाती है!

आप दोनों वहाँ किसी से मिलने आए हैं और जब वह भी आ जाता है, तो **ऊर्जा में और वृद्धि हो जाती है।**

जब चौथा व्यक्ति आता है, तो दरअसल ऊर्जा भड़क उठती है! हम इसे "लपट" या "**सिज़ल सेशन**" कहना पसंद करते हैं। आपका एमएलएम प्रोग्राम "व्यंजन" है और हर कोई यह बात जानता है - **अपनी सुगंध** से व्यंजन बिकता है!

मान लें, आप अपने स्पॉन्सर से मिलना चाहते हैं और अपनी डाउनलाइन के एक-दो लोगों को नैपकिन प्रेज़ेंटेशन देना चाहते हैं। क्या हो सकता है, इस बारे में उन्हें रोमांचित कर दें, उन्हें "सिज़ल" कर दें।

रेस्तराँ यह करने के लिए काफ़ी अच्छी जगह है। ऐसा समय चुनें, जब रेस्तराँ सबसे कम चलता हो, शायद सुबह 10 बजे या दोपहर के 2 बजे। आप एक शेड्यूल भी तय कर सकते हैं, ताकि आपके लोगों को पता हो कि आप सप्ताह के दौरान विभिन्न समयों पर कहाँ रहेंगे। यह तो वैसा ही है, मानो हर कोई आग या **लपट** के लिए लकड़ी इकट्ठी करे।

अगर आप किसी ऐसे व्यक्ति को "सिज़ल सेशन" में लाते हैं, जो थोड़ा संशयवादी ("गीला लट्ठा") है। लेकिन जब लपट से उसका संपर्क होगा, तो वह सूख जाएगा और आग का हिस्सा बन जाएगा।

अब बताएँ कि क्या होगा, अगर आप अकेले हों और बिज़नेस में नए होने के नाते किसी संशयवादी व्यक्ति से बात करें? यह तो किसी गीले लट्ठे को कुछ नहीं यानी ख़ाली जगह पर रखने की कोशिश करने जैसा है।

आइए मान लेते हैं कि आप एक टहनी हैं, क्योंकि आप बिज़नेस में बस शुरुआत ही कर रहे हैं। आपका स्पॉन्सर, जो इसमें थोड़े ज़्यादा समय रह चुका है, एक **लट्ठा** है। **लट्ठा** और टहनी मिलकर **लौ** उत्पन्न कर सकते हैं। आपके साथ किसी के होने भर से फ़र्क़ पड़ जाता है। इससे आपके स्पॉन्सर को बातचीत आगे बढ़ाने वाला एक व्यक्ति मिल जाता है। मैं चाहता हूँ कि जॉन को एक

संदेश मिल जाए, लेकिन अगर मैं सीधे उससे कहूँगा, तो हो सकता है वह मेरी बात को दरअसल "सुने" ही नहीं। बहरहाल, अगर मैं कैरल से बात कर रहा हूँ और यह जानता हूँ कि जॉन सुन रहा है... तो यह आश्चर्यजनक है कि लोग उनसे कही गई सीधी बात के बजाय उन बातों से अधिक संदेश ग्रहण कर लेते हैं, जिन्हें वे "सुनते" हैं।

रेस्तराँ के इन **लपट** सत्रों के बारे में एक और बात : ये बहुत ऊर्जावान हो सकते हैं! ऐसे लोग होते हैं (जिन्हें "छुपकर सुनने वाले" कहा जाता है), जो किसी बातचीत को चोरी से "सुन" सकते हैं। आप उन्हें आसानी से पहचान सकते हैं, क्योंकि वे पीछे टिके होते हैं, अधिक सुनने की कोशिश कर रहे होते हैं... आदि। इसलिए **जागरूक बनें**, उनमें से कुछ लोगों की **बहुत** दिलचस्पी हो सकती है। जब आपका सिज़ल सेशन ख़त्म हो जाए और आपके साथी विदा हो जाएँ, उसके बाद कुछ मिनट तक **वहीं रहें**। ऐसे लोगों को अवसर दें कि वे आपसे संपर्क कर सकें। जब तक टेबल पर चार लोग रहेंगे, तब तक वे वहाँ नहीं आएँगे, लेकिन जब आप अकेले वहाँ बचते हैं, तो वे वहाँ आ सकते हैं।

मैं हमेशा "लपट" सत्र इस तरह शुरू करता हूँ कि जब लोग आते हैं, तो मैं उनसे कोई ऐसी सकारात्मक बात बताने को कहता हूँ, जो उत्पाद या उनके संगठन के साथ हुई हो। वहाँ हम सिर्फ़ बिज़नेस की बातें करते हैं। हम मध्य-पूर्व के संकट को हल करने या संसार की दूसरी समस्याओं को सुलझाने की कोशिश नहीं करते हैं। **हम** वहाँ इस बारे में विचारों का आदान-प्रदान करने आते हैं कि अपने बिज़नेस को कैसे बनाया जाए और हमारे बिज़नेस के बारे में लोगों से बातचीत कैसे की जाए।

हम हमेशा अपने सत्रों का अंत विदाई के चुनिंदा जुमले से करते हैं, "ज़रा सोचो! यह उतनी ही कड़ी मेहनत है, जितनी हम कभी करेंगे!" यह थोड़ा संक्रामक हो जाता है, ख़ास तौर पर अगर आपके समूह में ऐसे लोग हों, जो अब भी 9 से 5 बजे तक की नौकरी कर रहे हैं और उन्हें मीटिंग से इसलिए जाना पड़ता है, क्योंकि उनके "लंच का समय" ख़त्म हो गया है। जब वे ऑफ़िस जाने के लिए रवाना होते हैं, तो आप उनसे कह सकते हैं, "निक, आपसे बाद में मिलते हैं, लेकिन याद रखना..." हो सकता है, वह बीच में बोलकर आपकी बात काट दे, "हाँ, मैं जानता हूँ। यह उतनी ही कठोर मेहनत है, जितनी आप कभी करेंगे।" इससे निक भी जल्द ही उसी स्थिति में आने के लिए प्रेरित होगा।

नोट्स

अध्याय 10

नैपकिन प्रेज़ेंटेशन #9
प्रेरणा और नज़रिया

यह सबसे महत्त्वपूर्ण नैपकिन प्रेज़ेंटेशन में से एक है। यह **प्रेरणा** पर आधारित है। इससे आपको यह बेहतरीन समझ मिल जाएगी कि कौन-सी चीज़ लोगों को प्रेरित करती है। आप यह भी सीखेंगे कि अपने लोगों को प्रेरित करने के लिए उनके साथ कैसे काम करना चाहिए।

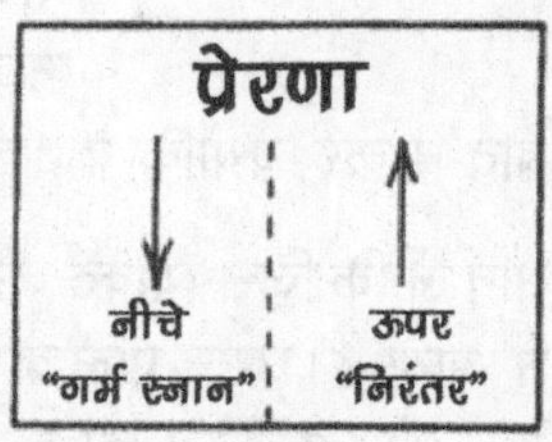

अपने नैपकिन या बोर्ड के सबसे ऊपर "**प्रेरणा**" शब्द लिखकर शुरू करें। उसके बाद दो तीर के निशान बना दें - एक की दिशा नीचे की तरफ़ हो और दूसरे की ऊपर की तरफ़। फिर बताएँ कि प्रेरणा दो तरह की होती है - **नीचे जाने वाली प्रेरणा** और **ऊपर जाने वाली प्रेरणा**। तीरों पर लेबल लगा दें। **नीचे जाने वाली प्रेरणा** को हम "गर्म स्नान" कहते हैं, लेकिन **ऊपर जाने वाली प्रेरणा** "निरंतर" है। मुझे इसे स्पष्ट करने दें। आपमें से अधिकतर लोग शायद प्रेरक रैलियों में गए होंगे। वहाँ आपने पाया होगा कि आप जिस प्रोग्राम में हैं, उसमें तूफ़ानी गति से काम करने के लिए उत्साहित व प्रेरित हो गए हैं। बहरहाल, आम तौर पर दो सप्ताह या महीनों में आपका वह सारा उत्साह ठंडा पड़ जाता है। जब आप गर्म स्नान करते हैं, तो लगता है कि स्नान जितना ज़्यादा गर्म होता है, आप उतने ही जल्दी ठंडे होते हैं।

मैंने लोगों को तीन दिन तक चलने वाली प्रेरक रैलियों में जाते देखा है - फिर जब वे घर लौट आते हैं, तो दो सप्ताह बाद पूरी तरह उदास हो जाते हैं। क्यों? उन तीन दिनों तक उनका उत्साह चरम सीमा पर था, वे वाक़ई प्रेरित थे - लेकिन किसी ने भी उन्हें यह नहीं बताया कि **क्या** करना है और/या उसे **कैसे**

करना है! इसीलिए वे वहाँ से नीचे उतर आते हैं।

यह पुस्तक पढ़ना भी "गर्म स्नान" करने जैसा है। (मैं कुछ ही देर में **ऊपर वाली** प्रेरणा पर पहुँचूँगा।) सेमिनारों में जाना, अपने स्पॉन्सर से मिलना, कोई पुस्तक पढ़ना, किसी उत्पाद को पहुँचाना, अधिक ज्ञान हासिल करना – ये सभी "गर्म स्नान" या नीचे वाली प्रेरणा के रूप हैं। इसका आशय यह नहीं है कि वे बुरे हैं; वे तो आवश्यक हैं।

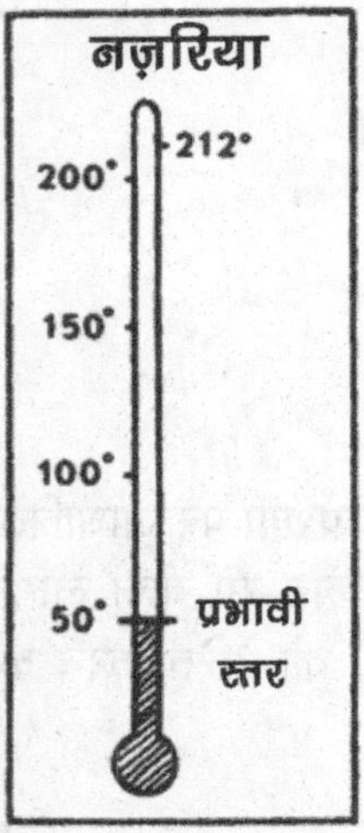

ऊपर वाली प्रेरणा के बारे में बात करने से पहले मैं नज़रिये पर बात करना चाहता हूँ। कल्पना करें कि आप अपने बिज़नेस के बारे में किसी से बात करने जा रहे हैं। वह व्यक्ति इस बारे में कुछ नहीं जानता है, इसलिए उसके नज़रिये का स्तर शून्य होगा। आइए मान लेते हैं कि आपके नज़रिये का स्तर कम से कम 50 डिग्री होना चाहिए, तभी आप उससे बिज़नेस संबंधी बातचीत में प्रभावी हो पाएँगे। अगर आपके नज़रिये का स्तर 50 डिग्री से कम है, तो किसी से भी बात न करें, क्योंकि वे आपको बस नीचे घसीट लाएँगे।

मान लें कि जिस व्यक्ति को आप स्पॉन्सर करना चाहते हैं, वह आपके प्रेज़ेंटेशन में आया है। उसने एप्लीकेशन पर साइन कर दिया है। वह शुरू करना चाहता है – और बिज़नेस को लेकर बहुत रोमांचित है! उसके नज़रिये का स्तर 65 डिग्री तक ऊपर पहुँच चुका है – वह **अमीर** बनने वाला है! इससे पहले कि उसे कुछ सीखने का मौक़ा मिले, वह बाहर जाता है और लोगों से बात करने लगता है। चूँकि वह दरअसल यह नहीं जानता है कि नकारात्मक संशयवादियों से सामना होने पर खुद को कैसे सँभालना है, इसलिए उनके संपर्क में आने के बाद वह खुद नकारात्मक हो उठता है। ऐसा शुभचिंतक रिश्तेदारों और मित्रों के कारण भी हो सकता है, जिनका एमएलएम से मोहभंग हो चुका हो। शायद किसी ऐसे व्यक्ति ने उन्हें "स्पॉन्सर" किया हो, जो उनकी बदौलत खुद "दौलतमंद बनना" चाहता हो, बजाय ऐसे व्यक्ति के, जो बिज़नेस खड़ा करने में सचमुच उनकी मदद करने का इच्छुक हो या उसमें समर्थ हो और जिसमें यह संकल्प हो कि वह खुद की मदद करने से पहले दूसरों की मदद करेगा।

इसका परिणाम यह होगा कि वे 50 डिग्री के स्तर से नीचे गिर जाएँगे। जब आप उनसे दोबारा मिलते हैं, उनके मन में आई शंकाओं, आपत्तियों और सवालों के जवाब देते हैं, तो वे दोबारा ऊपर पहुँच जाएँगे, शायद 70 डिग्री तक। और इस बार उनके नज़रिये का स्तर 50 डिग्री तक दोबारा नीचे आए, इससे पहले वे थोड़ी ज़्यादा देर तक ऊपर रुके रहेंगे।

सवाल : आपको कैसा लगेगा, अगर **सारे समय** आपके नज़रिये का स्तर लगभग 50 डिग्री बना रहे? दूसरे शब्दों में, आप **यो-यो** की तरह ऊपर-नीचे नहीं होना चाहते हैं, आप तो **निरंतर** रहना चाहते हैं। मेरी समझ से आप ऐसा एक ही तरीक़े से कर सकते हैं, और वह है **ऊपर वाली प्रेरणा** – क्योंकि **ऊपर वाली प्रेरणा निरंतर** होती है।

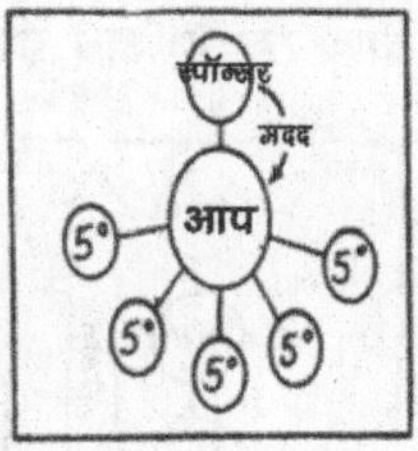

ऊपर वाली प्रेरणा यह है : आपके पास एक स्पॉन्सर है। आपका स्पॉन्सर **आपकी ख़ातिर** लोगों को स्पॉन्सर करने में मदद करेगा। हम 5 से शुरू करते हैं। **ग़ौर करें** कि जब आप 5 लोगों को स्पॉन्सर कर देते हैं, तो आपके पास केवल 25 डिग्री का ही स्तर होता है। एक बार फिर, इस ग़लती से बचें : आप जितने लोगों के साथ प्रभावी ढंग से काम कर सकते हैं, उनसे अधिक लोगों को स्पॉन्सर करने का मतलब है कि आप एक बार में 5 डिग्री तो बढ़ा लेंगे, लेकिन उतनी ही तेज़ी से उसे गँवा भी देंगे।

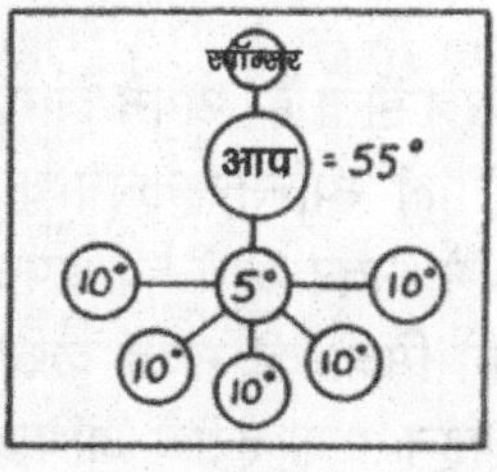

आपके स्पॉन्सर ने इन 5 लोगों को स्पॉन्सर करने में आपकी मदद की थी। आप भी बदले में उन 5 लोगों की मदद करेंगे, ताकि वे अपनी 5 डिग्री के लिए दूसरों को स्पॉन्सर कर लें। उनके स्तर में 5 डिग्री की वृद्धि होगी, लेकिन आपके स्तर में 10 डिग्री की वृद्धि होगी। दूसरे लेवल के सभी लोग आपके नज़रिये के स्तर में 10 डिग्री (प्रत्येक) का इज़ाफ़ा करते हैं। **ग़ौर करें** : अगर आपने 5 लोगों में से किसी एक की भी मदद 5 लोगों को स्पॉन्सर करने में कर दी, तो आप 50 डिग्री पर पहुँच जाएँगे।

ग़ौर करें कि जब आप इससे भी नीचे वाले लेवल पर सिखाते हैं, तब क्या होता है। तीसरा लेवल 20 डिग्री का है। चौथा 40 डिग्री का है। आप जितनी गहराई

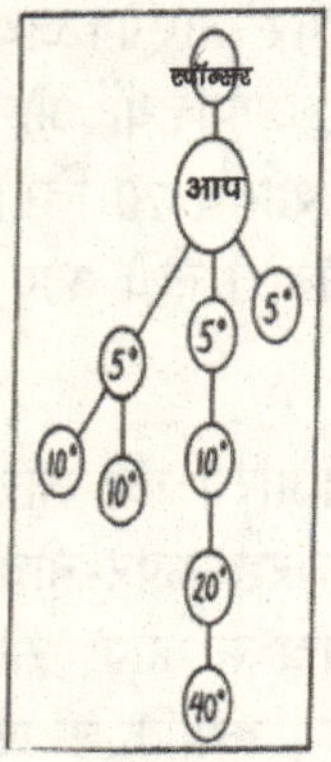

में पहुँचते जाते हैं, यह उतना ही ज़्यादा गर्म होता जाता है!

पहली बार होने पर ही आप इस अद्भुत घटना का महत्त्व समझ सकते हैं – और इसीलिए आपके अपने लोगों को इसका अनुभव जल्दी से जल्दी करा देना चाहिए। जब एक बार उन्हें इसका अनुभव हो जाता है, तो वे **रोमांचित** हो उठेंगे!

एक उदाहरण देखें : कैरल टॉम को स्पॉन्सर करती है और टॉम बिल को स्पॉन्सर करता है। कैरल को एक फ़ोन आता है और उसे पता चलता है कि बिल ने पिछले सप्ताह जाकर 5 गंभीर लोगों को स्पॉन्सर कर दिया – वह सचमुच तेज़ी से दौड़ रहा है! अब इसका नतीजा यह होता है कि स्पॉन्सरशिप लाइन में **ऊपर** का हर व्यक्ति **रोमांचित** हो जाता है। **ऊपर** जाने वाले हर तीर को देखें। इसीलिए इसे **"ऊपर वाली प्रेरणा"** कहा जाता है।

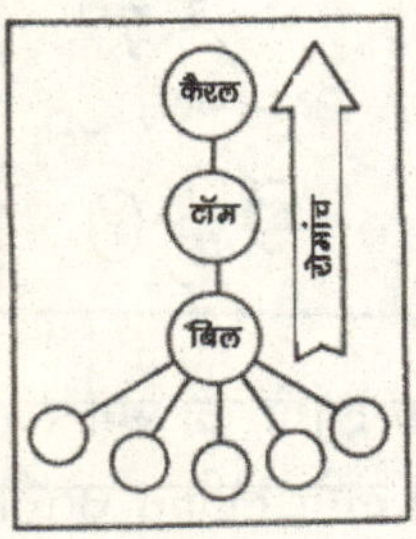

आपको अपने स्पॉन्सर किए हुए लोगों की मदद करनी चाहिए, ताकि उनके लोगों को भरपूर **सहारा** मिले। आइए मैं आपको इसका एक अपवाद दिखाता हूँ। जब आप किसी को बिज़नेस में स्पॉन्सर करते हैं, तो वे चाँदी का जहाज़ होते हैं। हर कोई चाँदी के जहाज़ के रूप में इस बिज़नेस में आता है। हालाँकि वे रोमांचित तो हैं, लेकिन अब तक गंभीर नहीं हुए हैं।

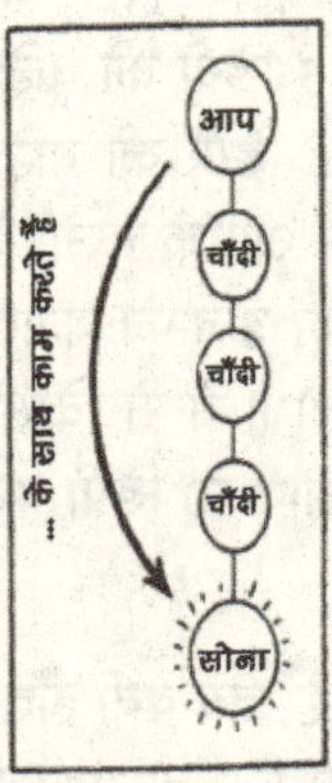

हर व्यक्ति का कम से कम एक मित्र होता है। अपने लोगों से मिलें। उनसे अपने कुछ मित्रों को स्पॉन्सर करने को कहें, जो चाँदी के जहाज़ के रूप में अंदर आते हैं। अपने लोगों को **सहारा** दें, जब वे अपने मित्रों की मदद करते हैं और अधिक मित्रों को डाउनलाइन 3 या इससे अधिक गहराई पर स्पॉन्सर करते हैं। अचानक, डाउनलाइन में कहीं आपको कोई **सोने का जहाज़** मिल जाता है। अब आप यह करते हैं : नीचे जाएँ और पहले असली सोने के जहाज़ के साथ काम करें, जो आपके पास उस लाइन में है। अब इसका परिणाम यह होगा कि सोने के जहाज़ की

मदद करने की प्रक्रिया में चाँदी के दूसरे जहाज़ भी **सोने** के जहाज़ में बदल जाएँगे।

इसी तरह आप चाँदी के जहाज़ को बदलते हैं : उनके नीचे किसी को ले आएँ। अगर उनके नीचे का वह व्यक्ति **सोने** का जहाज़ बन जाता है, तो जिस चाँदी के जहाज़ ने उन्हें स्पॉन्सर किया है, वह कहेगा, "अरे! मुझे अब खुद को बेहतर बनाना चाहिए..." लोगों को इससे अधिक प्रेरित करने वाली कोई दूसरी चीज़ नहीं होती, जितना कि उनके नीचे के किसी व्यक्ति का **कोई** बेहतरीन **काम करना**। कहा भी जाता है, "आप लोगों को अधिक तेज़ी और अधिक कारगर तरीक़े से प्रेरित कर सकते हैं, बशर्ते उनके दिमाग़ में मशाल लगाने के बजाय उनके नीचे एक मोमबत्ती रख दें।"

इसे समेटते हुए : आप बस यह नहीं करना चाहते कि आपने जिन लोगों को स्पॉन्सर किया है, वे आप पर निर्भर होने की आदत डाल लें। जिन लोगों को आप स्पॉन्सर करते हैं, वे आप पर हमेशा निर्भर नहीं रह सकते; वरना यह कारगर नहीं होगा। एक बिंदु ऐसा आएगा, जहाँ उन्हें आपकी ज़रूरत नहीं होगी। हम कहते हैं कि यह बिंदु वह है, जब आपके लोग उनके लोगों को सभी दस नैपकिन प्रेज़ेंटेशन बताना सिखा सकते हैं – तब वे हर चीज़ जान जाते हैं, जो एक सशक्त संगठन बनाने के लिए जानना ज़रूरी होती है। फिर आप उनकी जगह लेने के लिए एक और गंभीर व्यक्ति की खोज कर सकते हैं।

आइए, इस उदाहरण के लिए मान लें कि आपने मैरी को स्पॉन्सर किया है। आप कहते हैं, "मैरी, आइए मान लेते हैं कि आप सूरज की तरह हैं। सूरज में बाक़ी किसी भी चीज़ से अधिक ऊर्जा होती है।" (यह एक तरह की अप्रत्यक्ष प्रशंसा है।) आप यह कहकर बात आगे बढ़ाते हैं, "आप (मैरी) जिस व्यक्ति को स्पॉन्सर करती हैं, वह पानी के बर्तन जैसा है।" (**टिप्पणी** : आपने मैरी को स्पॉन्सर किया था, लेकिन खुद को सूरज की भूमिका में न रखें और उसे पानी के बर्तन की संज्ञा न दे दें – यह उतना प्रशंसात्मक नहीं है।)

तो, आपके समूह में एक "सूरज" है। पानी किस बिंदु पर उबलेगा? अगर आप पानी का एक बर्तन लें और उसे साल के सबसे गर्म दिन सबसे गर्म रेगिस्तान के बीच रख दें, तब भी वह नहीं उबलेगा। पानी को उबलने के लिए 212 डिग्री तापमान की ज़रूरत होती है। यह 210 या 211 डिग्री पर भी नहीं उबलेगा। इसे उबलने के लिए कम से कम 212 डिग्री की ज़रूरत होगी।

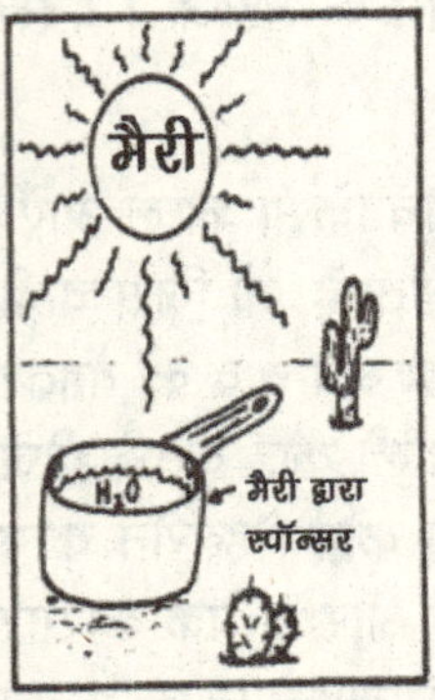

इसलिए ग़ौर करें : अगर आपका नज़रिया 212 डिग्री पर है और आपको प्रभावी होने के लिए सिर्फ़ 50 डिग्री पर होने की ही ज़रूरत है, तो आप अपने काम या बिज़नेस के बारे में किसी से भी, किसी भी समय बातचीत कर सकते हैं। आपका नज़रिया इसी दिशा में बढ़ रहा है। हमने आपको अभी-अभी बताया था कि सूरज पानी को उबाल नहीं सकता। आपका स्पॉन्सर भी पानी को नहीं उबाल सकता। "गर्म स्नान" की कोई प्रेरणा ऐसा नहीं कर सकती।

इससे कोई फ़र्क़ नहीं पड़ता कि सारी मल्टी-लेवल कंपनियों के सभी शीर्षस्थ लोग किसी रैली के लिए शहर आए थे और आप उन सभी में गए थे - आपका पानी कभी नहीं उबलेगा। वे आपके नज़रिये को 50 डिग्री के प्रभावी स्तर के ऊपर पहुँचा सकते हैं, लेकिन पानी को उबालना आप पर निर्भर करता है। और याद रखें, आपका स्पॉन्सर आपकी मदद करेगा।

दूसरे शब्दों में, आप कुछ लोगों को जानते हैं, जिन्हें आपका स्पॉन्सर नहीं जानता है। आपका स्पॉन्सर आपके साथ जाएगा और किसी को स्पॉन्सर करने में आपकी मदद करेगा। एक बार जब आप किसी को स्पॉन्सर कर लेते हैं, तो इसका मतलब है कि आपने बर्तन के नीचे बर्नर को सुलगा दिया है। जब पाँच लोग स्पॉन्सर हो जाते हैं, तब आपके बर्तन के नीचे 5 बर्नर जल रहे हैं। बर्तन इससे अधिक बर्नरों पर नहीं रखा जा सकता और पाँच की संख्या अधिकतम है। ग़ौर करें कि पानी अब भी नहीं उबल रहा है; अगर आपके पाँच लोगों ने अब तक किसी को स्पॉन्सर नहीं किया है, तो तापमान अब भी 25 डिग्री ही है। लेकिन अगर कोई तीन लोग भी थ्री डीप हो जाते हैं या कोई दो फ़ोर डीप हो जाते हैं या कोई एक फ़ाइव डीप हो जाता है, तो पानी उबलने लगता है।

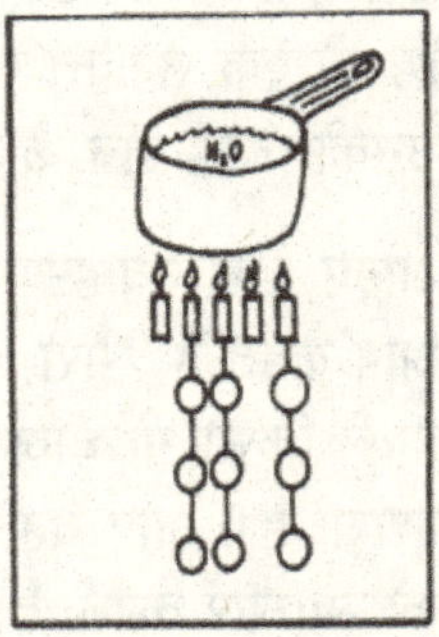

जो भी समीकरण बर्तन के नीचे के तापमान को 212 तक पहुँचा देता है, वह पानी को उबाल पर ले आएगा। जिस वक़्त पानी उबल रहा हो, उस वक़्त भले ही सूरज (स्पॉन्सर) दूर चला जाए, लेकिन इसके बावजूद पानी उबलता

रहेगा। एक बार जब आप किसी व्यक्ति को यह दिखा देते हैं और फ़ोन पर उससे बात करते हैं, तो उसे एहसास होता है कि आप उसकी मदद करने की इच्छा से फ़ोन कर रहे हैं। आप उनके सिर पर मशाल जलाने के लिए फ़ोन नहीं कर रहे हैं, बल्कि यह देखने के लिए फोन कर रहे हैं कि क्या आप एक और बर्नर जला सकते हैं या पहले से जले बर्नरों के तापमान को और बढ़ा सकते हैं। आप उनके पानी को उबालने में उनकी मदद करना चाहते हैं। आप समूह में जितने नीचे जाते हैं, बर्नर उतना ही ज़्यादा गर्म होता है।

सारे प्रोग्राम में एक बार जब आपके पास कोई व्यक्ति होता है, जिसका पानी उबल रहा हो, तो यह बाईं ओर के उदाहरण के समान दिख सकता है। ग़ौर करें कि आपने दूसरों को भी स्पॉन्सर किया हुआ है। यह ज़रूरी नहीं है कि उबलने वाला पहला बर्तन वही हो, जिसे आपने सबसे पहले स्पॉन्सर किया था। यह तो गंभीर होने वाला पहला व्यक्ति है, जिसने संगठन में इतनी गहराई बना ली कि वह आगे बढ़ता गया और कामयाब होता गया।

जब पानी उबलने लगता है, तो आप 5 गंभीर लोगों के साथ काम जारी रख सकते हैं। ग़ौर करें कि बर्तन एक बार में सिर्फ़ 5 बर्नरों पर ही रखा जा सकता है। (यह एक तरह से अध्याय 2 के पहले प्रेज़ेंटेशन जैसा चलता है।) अगर आपने बिज़नेस में 15 लोगों को स्पॉन्सर किया है, तो आप एक समय में सिर्फ़ 5 ही के साथ प्रभावी ढंग से सचमुच काम कर सकते हैं। हो सकता है कि उन 5 गंभीर लोगों को पाने के लिए आपको 10-20 लोगों को स्पॉन्सर करना पड़े। बाक़ी का क्या होता है? आप एक तरह से उन्हें बैक बर्नर पर रख देते हैं।

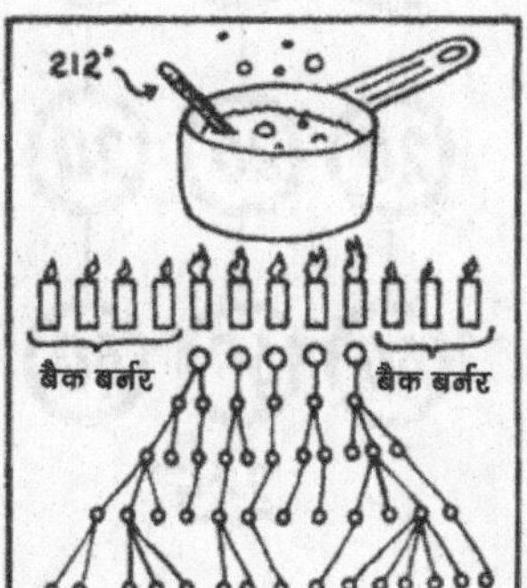

तो, जब आपका पानी "5" बर्नर्स में से एक या अधिक पर उबल रहा हो, तो स्पॉन्सर करने के लिए किसी बिलकुल नए व्यक्ति की तलाश में न जाएँ। इसके बजाय बैक बर्नर पर नज़र डालकर देखें और उन्हें बता दें कि क्या हो रहा है। हो सकता है कि जिस वक़्त आपने उन्हें स्पॉन्सर किया था, उस वक़्त परिस्थितियाँ भिन्न रही हों, जिस वजह से वे तब बिज़नेस के बारे में गंभीर होने को तैयार नहीं थे, लेकिन शायद अब तैयार हैं। शायद वे यह देखने का

इंतज़ार कर रहे थे कि आप प्रोग्राम में कितने सफल होते हैं। इसलिए बैक बर्नर की यात्रा कर लें।

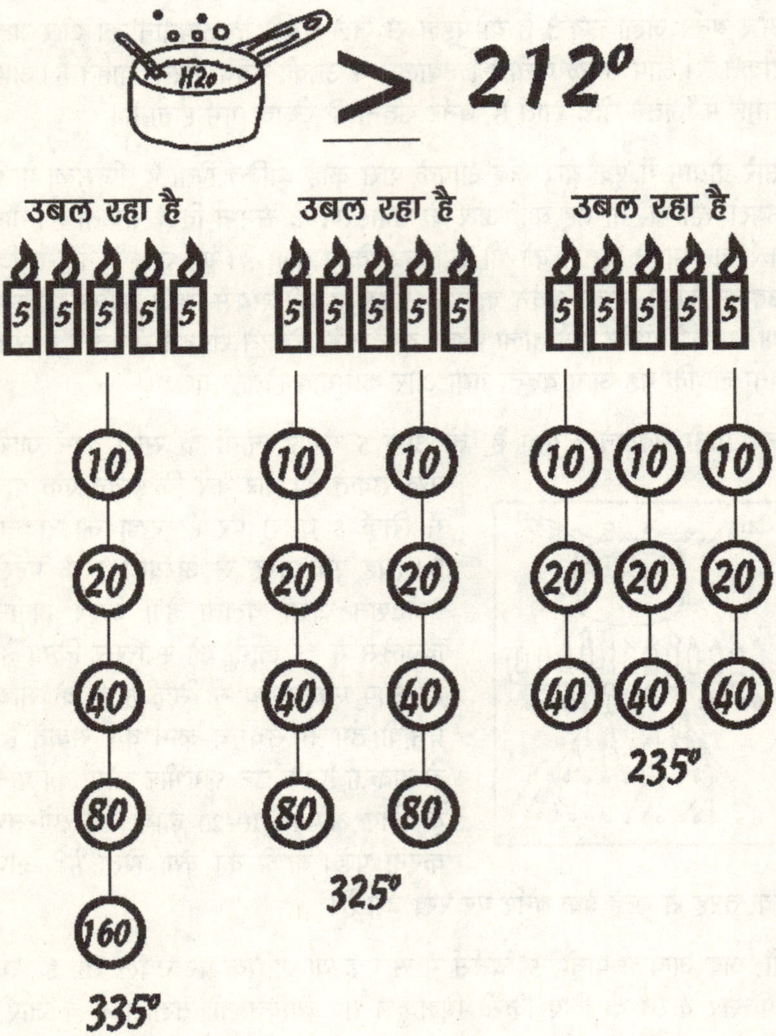

नोट्स

नोट्स

अध्याय 11

नैपकिन प्रेज़ेंटेशन #10
विकास का पंचकोण

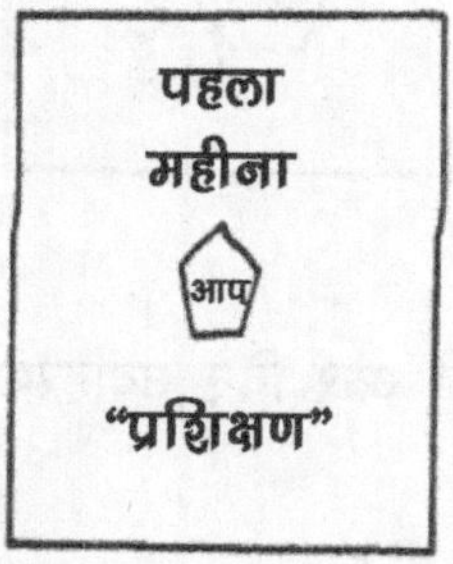

इस पूरी पुस्तक में **पाँच** का अंक "जादुई" है, इसलिए यह उचित ही है कि यह आख़िरी प्रेज़ेंटेशन एक गणितीय अभ्यास का पंचमुखी आनंददायक सफ़र है। जब भी आप इसे किसी को दिखाते हैं, तो इसमें **आत्म-प्रेरक** बनने की प्रवृत्ति भी होती है।

"विकास का पंचकोण" एक महत्त्वपूर्ण नक़्शा बताता है कि आपका संगठन कितनी **तेज़ी** से विकास कर सकता है, बशर्ते आप उन सिद्धांतों को अपना लें, जिन्हें हमने इस पुस्तक में बताया है।

एक पंचकोण खींचकर शुरू करें और इसके बीच में **"आप"** लिख लें। अपने संगठन को बनाते समय हम एक प्रशिक्षण-माह की छूट देंगे और दो महीनों की वृद्धियों का इस्तेमाल करेंगे। (बहरहाल, आप अपनी मनपसंद समय-सीमा का इस्तेमाल कर सकते हैं।)

आप बिज़नेस में आते हैं और दो महीनों में पाँच ऐसे लोगों को स्पॉन्सर कर लेते हैं, जो जीवन में सचमुच सफल होना चाहते हैं। (पंचकोण के एक तरफ़ 2M-5 लिखें, जैसा कि "2 महीने" वाले चित्र में दिखाया गया है।)

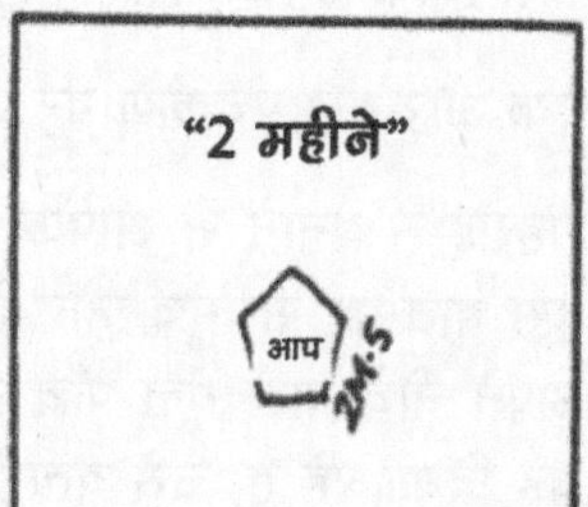

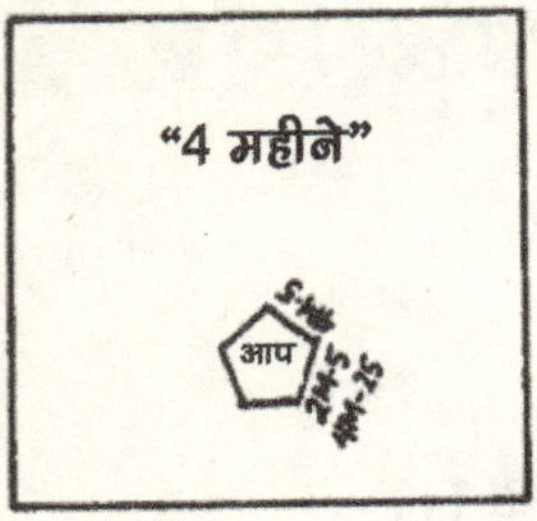

2 और महीनों में (यानी चार महीने बाद), आप अपना काम दूसरे महीने के पाँच लोगों को सिखा देते हैं, इसलिए अब आपको 25 सेकेंड-लेवल वितरक मिल जाते हैं। साथ ही, आप फ़र्स्ट लेवल के 5 अधिक गंभीर लोगों को विकसित कर लेते हैं। आपका पंचकोण अब ऊपर वाले चित्र जैसा दिखता है।

6 महीने बाद आपके "मूल" पाँच लोगों के नीचे 125 सेकेंड लेवल के लोग हो सकते हैं, पाँच गंभीर लोगों के आपके दूसरे समूह के नीचे 25 सेकेंड लेवल के लोग हो सकते हैं। साथ ही आप देखेंगे कि आपने पाँच लोगों का तीसरा समूह भी तैयार कर लिया है।

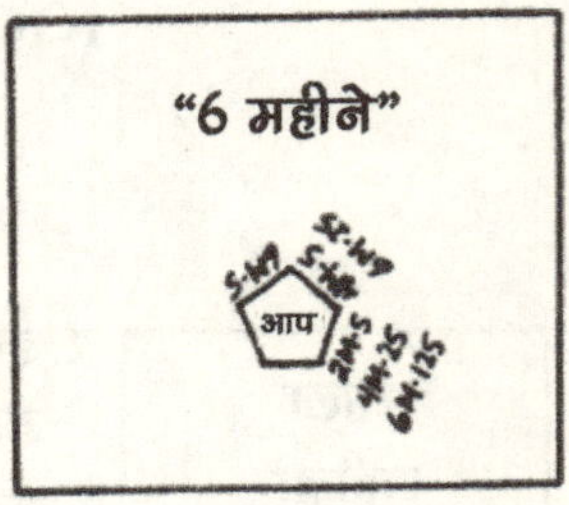

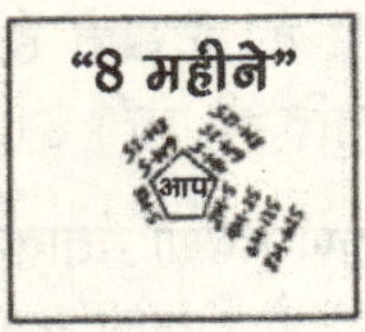

8 महीनों के अंत में :

विकास का आपका पंचकोण बाईं ओर दिए उदाहरण जैसा दिख सकता है।

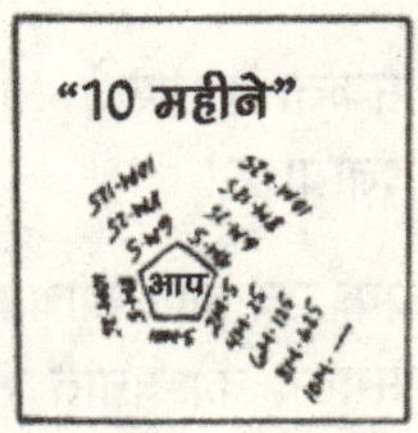

अब इस बिंदु पर नैपकिन (या बोर्ड) अपने विद्यार्थी को थमा दें, उसे क़लम दे दें और उससे 10 महीनों वाला डायग्राम पूरा करने को कहें। बस मूल समूह के 10 महीनों के लिए एक लाइन (10M_) डाल दें, क्योंकि यह आँकड़ा बहुत बड़ा है और 3,000 से ऊपर है (सटीकता से कहें, तो 3,125), इसलिए अपने मामले में इसकी कल्पना करना मुश्किल है। दाईं ओर बताया गया है कि उनके पास कौन-से आँकड़े होने चाहिए।

एक और बार पंचकोण पर जाएँ और इसका विस्तार एक साल तक कर लें।

गहराई में बनाने से आपका संगठन कितनी तेज़ी से विकास कर सकता है, इस बात पर सचमुच ज़ोर देने के लिए बाक़ी सारे समूहों को काट दें - बस अपने नीचे वाले मूल पाँच गंभीर लोगों को ही रखें। जिस व्यक्ति को आप यह दिखा रहे हैं, उसे बताएँ कि अगर वे इस एक समूह को ही बना लेते हैं (और अगर वे सारे समूह नहीं बनाते हैं, जिन्हें काट दिया गया है), तब भी वे

हर **महीने 6,000** डॉलर या इससे अधिक कमा रहे होंगे, जो इस बात पर निर्भर करता है कि वे किस "वाहन" का इस्तेमाल कर रहे हैं। इस अभ्यास का मुख्य उद्देश्य **डाउन-ग्रुप** के साथ काम करने का महत्त्व सिखाना है। उद्देश्य यह है कि आप जिन लोगों को स्पॉन्सर करते हैं, उनके साथ काम करें - और फिर उन्हें भी अपनी डाउनलाइन के साथ **ऐसा ही करना सिखाएँ।**

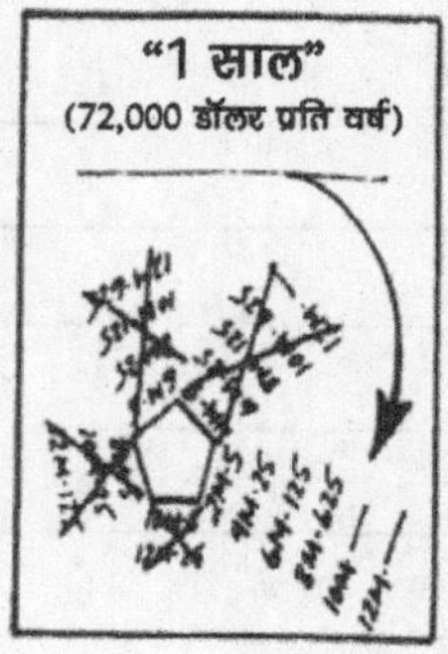

अब आप तुरंत इसे कर दीजिए!

नोट्स

अध्याय 12

दोबारा स्कूल जाना

जब आप किसी नए वितरक को स्पॉन्सर करने की कोशिश कर रहे हों, तो आपके **नज़रिये** से बड़ा फ़र्क़ पड़ सकता है। अधिकतर वितरकों का नज़रिया यह होता है, "मैं अपने बिज़नेस में किसे ला सकता हूँ?" मेरे ख़्याल से उचित नज़रिया यह है, "मैं रिटायर होने का यह अवसर मेरे बाद किसे प्रदान कर सकता हूँ?" अगर आपको यक़ीन है कि आपके बिज़नेस में काम करने पर कोई व्यक्ति एक से तीन साल में रिटायर हो सकता है और आप जानते हैं कि इस संभावना को बस दो मिनट के प्रेज़ेंटेशन में कैसे पेश किया जाता है, तो आप यह अवसर किसी अजनबी को क्यों देना चाहेंगे?

अगर कोई व्यक्ति 50,000 डॉलर से ज़्यादा सालाना आमदनी पर एक से तीन साल में रिटायर होना चाहता है, तो उसे दोबारा स्कूल जाना होगा। वे अपनी ज़रूरत की हर बात सीख सकते हैं, बशर्ते छह महीने तक हर सप्ताह पाँच से दस घंटे सीखने को तैयार हों। "रिटायर होने" का अर्थ बस यह है : "... काम करने न जाना, जब तक कि आप ऐसा करना न चाहें।" अगर कोई आपसे कहता है कि वह तीस दिन तक इसे आज़माकर देखेगा, तो अपना समय बर्बाद न करें। आप तीस दिन में अपनी नींव भी नहीं खोद सकते। इसमें कम से कम छह महीने का समय लगता है।

जिस स्कूल का मैं ज़िक्र कर रहा हूँ, वह है **शामिल करने वाला** स्कूल। जब आप अपने साप्ताहिक प्रशिक्षण सत्र के लिए घर से निकलते हैं, मीटिंग में शिरकत करते हैं, कॉफ़ी पीते हैं और घर लौटते हैं, तो इसी काम में तीन से पाँच घंटे बिता चुके होते हैं। बाक़ी का समय आप सकारात्मक प्रेरणा या प्रोग्राम संबंधी टेप सुनने, स्पॉन्सर से मिलने, सिज़ल सेशनों में शिरकत करने, प्रॉस्पेक्टों से बात करने आदि में बिताते हैं। आप एमएलएम के अलावा इस वक़्त जो भी कर रहे हों, उसके साथ यह सब कर सकते हैं।

संसार भर में सेमिनार करने के दौरान मैंने लोगों से यह सवाल पूछा है, "क्या कोई चार वर्ष के किसी ऐसे कॉलेज कोर्स के बारे में जानता है, जिसकी पढ़ाई पूरी करने के बाद आप एक से तीन साल में रिटायर होने की उम्मीद कर सकते हों, वह भी 50,000 डॉलर की सालाना आमदनी के साथ?" मुझे आज तक किसी ने भी ऐसे किसी कोर्स के बारे में नहीं बताया है। किसी ने भी, कहीं भी किसी ऐसे कॉलेज कोर्स का नाम नहीं बताया है, जिसमें इसकी दूर-दूर तक भी संभावना नज़र आती हो। एमएलएम के बारे में यही रोमांचक बात है। आप छह महीनों में ही दरअसल हर वह चीज़ सीख सकते हैं, जिसकी ज़रूरत आपको एक से तीन साल में रिटायर होने के लिए होगी।

क्या आपको याद है, जब आप कॉलेज में पढ़ते थे? आप बुकस्टोर गए थे और तिमाही के लिए अपनी पुस्तकें ख़रीदी थीं - बड़ी, भारी-भरकम, मोटी-मोटी पाठ्य पुस्तकें। आप अपने कमरे में पहुँचने और उन्हें पढ़ने के लिए उतावले हो रहे थे। क्या आपको याद है कि आप तिमाही के अंत का बेसब्री से इंतज़ार कर रहे थे, ताकि टेस्ट दे सकें? जब आप कॉलेज जा रहे थे, तो क्या कोई आपको वहाँ जाने के लिए पैसे दे रहा था? देखिए, आप चार साल के लिए कॉलेज गए थे, लेकिन इसके बदले आपको तनख़्वाह नहीं मिली, इसके बाद आपको एक से तीन साल में रिटायर होने की कोई उम्मीद भी नहीं थी, तो फिर आप इस बात की इतनी परवाह क्यों करते हैं कि आपने एमएलएम में शुरुआती कुछ महीनों में कितना कम कमाया है? याद रखें, आप स्कूल में हैं। एमएलएम के स्कूल में।

एमएलएम में कुछ लोग सिर्फ़ कुछ सप्ताह बाद ही हताश हो जाते हैं। मैं नहीं सोचता कि उन्हें हताश होने का कोई हक़ है, जब तक कि उन्हें एमएलएम स्कूल में कम से कम छह महीने का समय न हो गया हो। एक चीज़ करके देखें। किसी ऐसे मेडिकल के छात्र से अपना ऑपरेशन करवाएँ, जो सिर्फ़ कुछ सप्ताह से मेडिकल कॉलेज में पढ़ रहा हो। शायद परिणाम देखकर आपको बहुत निराशा होगी।

किसी डॉक्टर, वकील, दंत चिकित्सक या किसी अन्य पेशेवर व्यक्ति से पूछें कि वह कितने समय से अपने पेशे में है। जवाब में वह पढ़ाई ख़त्म करने वाली तारीख़ बताएगा। वह तब से हिसाब नहीं जोड़ेगा, जब से उसने कॉलेज में पढ़ाई शुरू की थी। दूसरी ओर, जब आप एमएलएम में किसी से पूछते हैं कि वह कितने समय से बिज़नेस में हैं, तो वे आपको उस दिन से गिनकर

बताएँगे, जब उन्होंने पहली बार अपने वितरक अनुबंध या एप्लीकेशन पर साइन किए थे। आपको दरअसल उस समय से एमएलएम में अपना कार्यकाल गिनना चाहिए, जब आपको पूरी तरह पता चल गया था कि आप क्या कर रहे हैं।

आप सिर्फ़ तभी निराश होते हैं, जब आप किसी चीज़ की उम्मीद करते हैं और आपको वह नहीं मिलती है या वह नहीं होती है। बहुत सारे वितरक एमएलएम में इस उम्मीद से आते हैं कि वे तुरंत ही तगड़ी कमाई करने लगेंगे। लेकिन ठहरें, सबसे पहले तो आपको स्कूल जाने की ज़रूरत है। इसमें कम से कम छह महीने का समय लगेगा। पारंपरिक स्कूल-कॉलेज जाने वालों की स्थिति पर विचार करें। उनके लिए छह महीने तक पढ़ाई करना ही काफ़ी नहीं होता। इसके बाद भी उन्हें साढ़े तीन साल आगे पढ़ाई करनी होगी, तब कहीं जाकर वे कोई नौकरी खोजने के लिए तैयार होंगे।

एमएलएम में सचमुच सफल होने के लिए आपको किसी दूसरे को सफल होना सिखाना होगा। आपके वितरक को चाहिए कि वे यह चिंता करना छोड़ दें कि वे कितना पैसा बना रहे हैं। उन्हें दरअसल अपने डाउनलाइन को सिखाने और काम करने के बारे में चिंता ज़्यादा करना चाहिए। वे यह काम जितनी जल्दी करते हैं, उतनी ही जल्दी उन्हें एमएलएम में वास्तविक सफलता मिलेगी। लेकिन इसमें समय लगता है। आप दूसरों को सिखा सकें, इससे पहले आपको खुद यह सीखना होगा कि यह काम कैसे किया जाता है।

अगर आपके संगठन में कुछ ऐसे वितरक हैं, जिन्हें अपने मित्रों से बात करने में दिक्क़त आती है, तो शायद ऐसा इसलिए है, क्योंकि उन्हें सचमुच यक़ीन नहीं है कि वे एक से तीन साल में रिटायर हो सकते हैं या वे यह नहीं समझते हैं कि वे सचमुच ऐसा कैसे कर सकते हैं। नीचे एक सरल प्रेज़ेंटेशन है, जिसका इस्तेमाल करके आप उन्हें दिखा सकते हैं कि कोई भी व्यक्ति छह महीने से तीन साल के बीच अच्छी-ख़ासी कमाई कैसे कर सकता है। इसे सीखने में बस कुछ ही मिनट लगते हैं और प्रेज़ेंटेशन देने में बस दो मिनट का समय लगता है। यह अध्याय 2 के नैपकिन प्रेज़ेंटेशन नम्बर1 से ही मिलता है।

आइए मान लेते हैं कि आपके पास एक नया वितरक है, जिससे आप कहते हैं, "आप जितने लोगों को जानते हैं या मेरी मदद से जितने लोगों से मिल सकते हैं, उन्हें देखते हुए क्या आपको लगता है कि अपने पहले महीने के अंत तक आप पाँच लोगों को स्पॉन्सर कर सकते हैं? वे लोग जो यह सीखना चाहेंगे कि एक से तीन साल में रिटायर कैसे होना है?"

अधिकतर लोग कहेंगे, "मेरी जान-पहचान का हर व्यक्ति ऐसा करना चाहेगा।"

जब आप वितरक के साथ जाएँ, तो एक साथ पाँच लोगों से मिलने की ग़लती न करें। हर व्यक्ति से अलग-अलग मिलने जाएँ, यानी कुल पाँच बार। अगर आप पाँचों से एक बार में मिलते हैं, तो हो सकता है कि एक नकारात्मक व्यक्ति बाक़ी चार के लिए माहौल ख़राब कर दे। इसके अलावा, अगर आप वितरक के साथ पाँच बार जाते हैं, तो उसे एक बार के बजाय पाँच बार प्रेज़ेंटेशन देखने का मौक़ा मिलेगा। अब इस प्रशिक्षण का परिणाम यह होगा कि वह भी अपने हर वितरक के साथ पाँच बार जाने के लिए तैयार होगा। इस तरह आपका वितरक अपने वितरक के प्रॉस्पेक्टों पर अभ्यास करते-करते विशेषज्ञ बन जाएगा, जिस तरह आप उनके प्रॉस्पेक्टों पर अभ्यास करते-करते विशेषज्ञ बने थे।

अगर आप अपने पहले तीस दिनों के अंत तक पाँच **गंभीर** वितरक को स्पॉन्सर कर सकते हैं, तो तीन महीनों के अंत तक आपको पाँच लोगों को स्पॉन्सर करने में उनकी मदद करनी चाहिए। जब आपके वितरक अपने पाँच की मदद कर रहे हैं, तो आप नीचे के समूह को सहारा दे रहे हैं और अपने लोगों को भी ऐसा ही करना सिखा रहे हैं। छह महीनों के अंत तक आपको तीसरे लेवल पर होना चाहिए। अगर इसमें एक साल का समय लगता है, तो क्या हो? इस प्रेज़ेंटेशन को देते समय 5, 25, और 125 के दोनों तरफ़ की रेखाएँ (–5–) आपके थोक ख़रीददारों या उन लोगों को दर्शाती हैं, जिन्होंने आपसे पीछा छुड़ाने के लिए साइन कर दिए थे। आपका प्रेज़ेंटेशन ऐसा दिखना चाहिए :

इस बिंदु पर आपके पास कुल 155 **गंभीर** वितरक होंगे।

अगर आप बिज़नेस को सही तरीक़े से बना रहे हैं, तो अपने अवसर को बताने की प्रक्रिया में आपके पास कुछ लोग होंगे, जो इसका लाभ नहीं लेंगे। इनमें से कई थोक ख़रीददार या कई रिटेल ग्राहक बन जाएँगे।

आइए, मान लेते हैं कि आपके हर डाउनलाइन वितरक के कम से कम दस मित्र-ग्राहक हैं। जब आप 155 गंभीर वितरकों को 10 मित्र-ग्राहकों से गुणा करते हैं, तो आपके पास 1,550 मित्र-ग्राहक हो जाते हैं। चूँकि आपके वितरक भी ग्राहक हैं, इसलिए इस 1,550 में 155 की संख्या भी जोड़ दें। यानी आपकी कुल ग्राहक संख्या 1,705 हो जाती है। इसके अलावा यह भी सोचें कि वितरक-ग्राहक तीन कारणों से उसके मित्र-ग्राहक से अधिक उत्पाद

— आप —

1 महीने के अंत में —5—

3 महीने के अंत में —25—

6 महीने के अंत में —125—

ख़रीदेगा : 1) वितरक-ग्राहक उत्पाद की पूरी लाइन से अधिक परिचित होता है; 2) वितरक-ग्राहक थोक में उत्पाद ख़रीद सकता है, इसलिए इस बात की अधिक संभावना है कि वह उनका अधिक निजी उपयोग करेगा; 3) वितरक-ग्राहक उत्पाद का सैंपल देने के लिए भी उन्हें ख़रीदता है। आपको अपने सभी वितरक को प्रोत्साहित करना चाहिए कि वे सैम्पल देने की आदत डालें; साथ ही आपको भी सैम्पल देने चाहिए।

"155" के नीचे की लाइन आपके थोक ख़रीददारों को दर्शाती है, जिन्हें हम गणना में शामिल नहीं कर रहे हैं। इसका मतलब हमेशा वृद्धि ही होगा। इस बिंदु पर आपका प्रेज़ेंटेशन कुछ इस तरह दिखेगा :

अब 1,705 को 30 डॉलर से गुणा कर लें, ताकि समूह की प्रति माह बिक्री का आँकड़ा निकल आए। आपमें से अधिकतर ऐसे प्रोग्राम में हैं, जहाँ आपकी व्यक्तिगत बिक्री 30 डॉलर प्रति माह से काफ़ी अधिक होती है। मैं इस आँकड़े का इस्तेमाल थोड़ी कंजूसी से कर रहा हूँ। आप नहीं चाहते कि आपके प्रॉस्पेक्ट का दिमाग़ पूरी तरह उड़ जाए। इसीलिए लेवल 3 पर आप पूछते हैं। "मान लो, अगर इसमें छह महीने के बजाय एक साल लग जाए, तो क्या यह काम करने लायक़ है?"

— आप — 155 गंभीर वितरक

1 महीने के अंत में — 5 — x10 मित्र ग्राहक

1550 मित्र ग्राहक

3 महीने के अंत में — 25 — +155 वितरक

6 महीने के अंत में — 125 — ----- ... थोक ख़रीदार

1705 कुल ग्राहक

जब आप 1,705 कुल ग्राहकों को 30 डॉलर से गुणा कर देते हैं, तो आपका कुल वॉल्यूम 51,150 डॉलर हो जाता है। बताएँ कि इस वक़्त आप सिर्फ़ पाँच **गंभीर ग्राहकों** के साथ ही काम कर रहे हैं।

बिक्री में हर माह 50,000 से अधिक की दर पर, जिसमें आपने अपने थोक ग्राहकों को शामिल नहीं किया है, आप हर महीने 2,000 से 6,000 के बीच की कोई राशि कमा रहे होंगे।

2,000 और 6,000 डॉलर प्रति माह के बीच का फ़ासला इस कारण है, क्योंकि हो सकता है कि किसी के पास दस मित्र-ग्राहक न हों; किसी के पास अधिक भी हो सकते हैं।

इस बिंदु पर, आपके प्रेज़ेंटेशन के 10-15 मिनट हो चुके हैं। तब आप वह सवाल पूछते हैं, जिससे पता चल जाता है कि आपका ग्राहक वाहन चलाना सीखने के लिए समय देना चाहता है या नहीं। अगर वे "नहीं" कह देते हैं, तो सीधे उत्पाद पर जाएँ और अपना एक नया रिटेल ग्राहक बना लें। अगर वे "हाँ" कह देते हैं, तो अगले प्रेज़ेंटेशन 5 और 6 के फ़र्क़ की ओर बढ़ जाएँ। जब आप यह प्रेज़ेंटेशन पूरा कर लेते हैं, तो वे आपके वाहन की जाँच करने के लिए पूरी तरह तैयार होंगे।

यहाँ 64 डॉलर का सवाल है। अगर आप अपनी वर्तमान कमाई के अलावा छह महीनों में 2,000 से 6,000 डॉलर प्रति माह कमा सकते हों, तो क्या इसका तरीक़ा सीखने के लिए छह महीने तक हर सप्ताह पाँच से दस घंटे तक स्कूल जाने के लिए तैयार हैं?

यह प्रेज़ेंटेशन सरल है और यह स्पष्ट करता है कि कोई संगठन कैसे विकास कर सकता है। यह संगठन बनाने और हर एक के न्यूनतम मात्रा में रिटेलिंग

करने का तालमेल है। कोई भी दस मित्र-ग्राहक बना सकता है। इसके लिए आपको सेल्समैन होने की ज़रूरत नहीं है। पूर्ण होने पर आपका पूरा प्रेज़ेंटेशन इस तरह दिखना चाहिए :

इस प्रेज़ेंटेशन में **गंभीर** वितरक का अर्थ है वह वितरक, जिसने नीचे दिया वादा किया है : वे न्यूनतम छह महीनों तक हर सप्ताह कम से कम पाँच से दस घंटे तक जुड़े रहेंगे। यही एकमात्र तरीक़ा है, जिससे वे इस बिज़नेस को करना सीख सकते हैं।

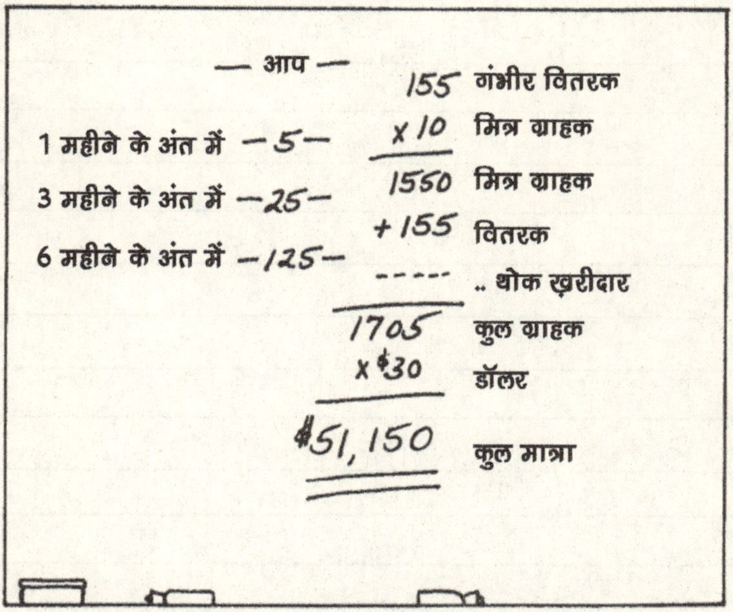

नोट्स

अध्याय 13

एक बात रखने के लिए अंकों से खेलना

जब आपका कोई फ्रंट लाइनर (वह वितरक, जिसे आपने खुद स्पॉन्सर किया था) उस बिंदु पर पहुँच जाता है, जहाँ उसे आपकी ज़रूरत नहीं रह जाती, तो आप क्या करें? (नैपकिन प्रेज़ेंटेशन #9, अध्याय 10 देखें)। तब आप किसी दूसरे को स्पॉन्सर करने और एक नई लाइन पर काम करने के लिए स्वतंत्र हो जाते हैं। "लाइन" का मतलब है, जब आपके डिस्ट्रिब्यूर का संगठन कम से कम तीन लेवल गहरा हो।

आप अपने बिज़नेस में किसे लाने वाले हैं, यह सोचने के बजाय आपको तो अब एक विकल्प भर चुनने की ज़रूरत है। अपने पहले पाँच गंभीर वितरक के साथ उनके डाउनग्रुप में काम करते समय आप जितने लोगों से मिले हैं, उनमें से आप अब किसी भी एक को चुन सकते हैं, जिससे उसे जल्दी रिटायर होने का अवसर मिल सके।

यह एहसास रोमांचक होता है कि आप यह अवसर देने के लिए किसी को चुन सकते हैं। जब आप इस बात को पूरी तरह समझ जाते हैं और इस पर यक़ीन कर लेते हैं, तो आपके पास बहुत-सी शक्ति आ जाती है।

अब आपकी फ्रंट लाइन में छह गंभीर वितरक हो जाते हैं। पाँच और छह के बीच का फ़र्क़ बताएँ। ज़ाहिर है, फ़र्क़ सिर्फ़ एक का होता है। डाउन ग्रुप तक नीचे जाएँ। (6 गुणा 6 होता है 36,5 गुणा 5 होता है 25 और इन दोनों के बीच का फ़र्क़ है 11 इसे एक और बार करें। 5 गुणा 25 होता है 125, 6 गुणा 36 होता है 216 तथा 216 और 125 के बीच 91 का फ़र्क़ होता है।) अब इस बिंदु पर आपका प्रेज़ेंटेशन कुछ इस तरह दिखना चाहिए :

आप	अंतर	आप
5	1	6
25	11	36
125	91	216

सभी प्रोग्राम जिनमें ब्रेकअवे होते हैं, वे पाँच लेवल से परे अच्छा भुगतान देंगे और अधिकतर यूनीलेवल प्रोग्राम सात लेवल तक भुगतान देंगे। पाँच का गुणा करते हुए सातवें लेवल तक डाउनलाइन जाएँ। आपका प्रेज़ेंटेशन अब इस तरह दिखना चाहिए :

आप	अंतर	आप
5	1	6
25	11	36
125	91	216
625		
3,125		
15,625		
78,125		

इस प्रेज़ेंटेशन को सीखना आसान है। ग़ौर करें कि जब आप आख़िरी तीन अंकों वाले कॉलम में 125 पर पहुँचते हैं, तो इसके बाद अंतिम अंक लगातार 125 और 625 के क्रम में आते हैं। चाहे आप कितने ही लेवल नीचे चले जाएँ, यही क्रम जारी रहेगा। इसका मतलब है कि आपको तो बस शुरुआती 3,15, 78 की संख्याओं को ही याद रखने की ज़रूरत है।

प्रेज़ेंटेशन में इस बिंदु पर आप अपने वितरक को सुझाव देते हैं कि वह खुद बाक़ी का हिसाब लगाए। दूसरे शब्दों में, 216 का गुणा 6 से करें (जो 1,296 हैं) और इससे 625 घटा लें। 671 का फ़र्क़ है। इस प्रक्रिया को सातवें लेवल

तक नीचे जारी रखें। अगर आप उन्हें यह खुद करने देते हैं, तो इसका असर कहीं ज़्यादा होगा।

यह सवाल पूछें : "आप क्या सोचते हैं, सातवें लेवल पर जवाब क्या होगा?" उन्हें अंदाज़ा लगाने दें। उनमें से अधिकतर तो इसके आस-पास भी नहीं पहुँच पाएँगे। सातवें लेवल पर फ़र्क़ 2,00,000 से अधिक का होता है! सटीकता से कहें, तो 2,01,811। आपका प्रेज़ेंटेशन आगे दिए डायग्राम जैसा दिखना चाहिए।

स्पष्ट रूप से, 2,01,811 का अंतर भारी होता है। आपको अपने वितरक को बता देना चाहिए कि एक बार जब कोई यह समझ लेता है, तो वह डाउनग्रुप पर मेहनत करने के महत्त्व को देख सकता है। अपनी फ़्रंट लाइन में इतने सारे लोगों को लाने की चिंता क्यों पालें? आप वैसे भी उनके साथ काम नहीं कर सकते। इसके अलावा, अपनी फ़्रंट लाइन में ज़रूरत से ज़्यादा

आप	अंतर	आप
5	1	6
25	11	36
125	91	216
625	?	—
3,125	?	—
15,625	?	—
78,125	201,811	—

लोगों को स्पॉन्सर करने का मतलब एक ऐसे खेल में शामिल होना है, जिसे "जोड़ना-घटाना" कहते हैं। मैं तो गुणा का खेल खेलना ज़्यादा पसंद करूँगा, जिसे मल्टी-लेवल मार्केटिंग या एमएलएम कहा जाता है।

इस खेल को खेलने के लिए आपको तो बस इतना करना है कि आप अपने लोगों को थ्री डीप करना सिखा दें। जब आप थ्री डीप तक सिखा देते हैं, तो आप दरअसल फ़ाइव डीप पर ख़त्म होंगे। मिसाल के तौर पर : मेरा नाम डॉन है और मैं स्टीव को स्पॉन्सर करता हूँ। मैं स्टीव से कहता हूँ, "जब किसी नए

व्यक्ति से शुरुआत करवाई जाए, तो सबसे महत्त्वपूर्ण चीज़ उसे यह सिखाना है कि जब वे किसी को स्पॉन्सर करें, तो जल्दी से जल्दी उन्हें थ्री डीप ले जाएँ।"

वे समझ पाएँ, इससे पहले ही यह प्रेरणा पर नैपकिन प्रेज़ेंटेशन #9 को अपने आप सक्रिय कर देगा।

स्टीव एक अच्छा विद्यार्थी है। जब वह पैम को स्पॉन्सर करता है, तो उसकी मदद करता है और उसकी डाउनलाइन को सहारा देता है तथा यह सुनिश्चित करता है कि वह थ्री डीप तक काम करे। यह नैपकिन प्रेज़ेंटेशन #2 का ही रूप है और यह आगे दिए चित्र जैसा दिखना चाहिए।

अब गहराई नापें। आपके नीचे पाँच लेवल हैं। आपने स्टीव को सिखा दिया है कि वह अपने नीचे के थ्री डीप तक के लोगों को सिखाने की आदत डाल दे। स्टीव अब अपने लोगों को सिखाएगा कि आपने उसे क्या सिखाया था और आप इससे भी अधिक गहरे पहुँच जाएँगे। क्या अब आप देख सकते हैं कि शिक्षक एमएलएम में इतना अच्छा प्रदर्शन क्यों करते हैं?

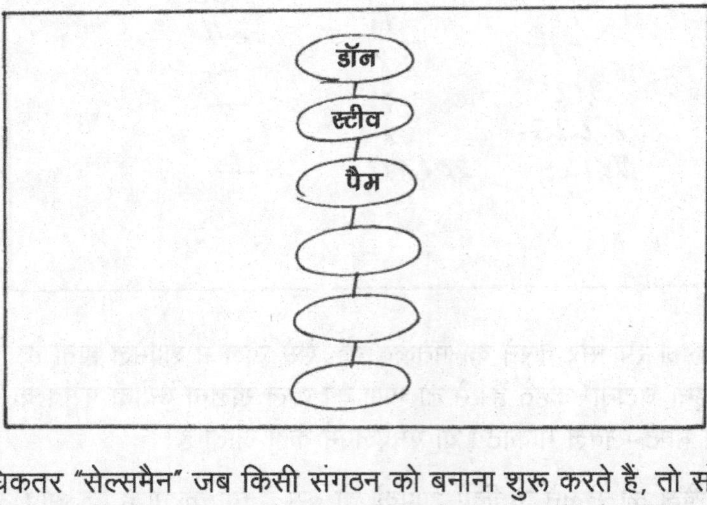

अधिकतर "सेल्समैन" जब किसी संगठन को बनाना शुरू करते हैं, तो सोचते हैं कि यह स्पॉन्सर, स्पॉन्सर और स्पॉन्सर करने का बिज़नेस है। लेकिन ऐसा नहीं है। दरअसल, यह स्पॉन्सर करने और सिखाने, स्पॉन्सर करने और सिखाने, स्पॉन्सर करने और सिखाने का बिज़नेस है। आप एमएलएम में तब तक कभी कामयाब नहीं हो सकते, जब तक कि किसी दूसरे को सफल होने

का तरीक़ा नहीं सिखा देते।

अगर आप अपने प्रेज़ेंटेशन को जारी रखते हैं और 5 तथा 6 के बीच के फ़र्क़ को चौथे लेवल तक दिखाते हैं, तो आपके पास 1,296 और 625 की संख्याएँ होंगी, जिनमें 671 का फ़र्क़ होगा। पहले चार लेवल के अंतरों का योग होगा 774 – बाईं ओर आपके कुल वितरक होंगे 780, जबकि दाईं ओर होंगे कुल 1,554। अब आपका प्रेज़ेंटेशन इस तरह दिखेगा :

आप	अंतर	आप
5	1	6
25	11	36
125	91	216
625	671	1296
780	774	1554

अब आप अपने दम पर हैं। 780 का गुणा 10 मित्र-ग्राहकों में करें या उनमें 1,554 का गुणा करें। मित्र-ग्राहकों और वितरक-ग्राहकों को जोड़ लें। अब इस योग का गुणा 30 डॉलर प्रति माह से करें और फिर परिणाम को बारह महीनों से गुणा कर लें। याद रखें, मैं थोक ख़रीददारों को तो गिन ही नहीं रहा हूँ। अब क्या आप देख सकते हैं कि कोई एक से तीन साल में कैसे रिटायर हो सकता है? अगर स्पॉन्सर करते समय आप गहरे के बजाय चौड़े जाते, तो यह काम कभी नहीं कर सकते थे।

यह नैपकिन प्रेज़ेंटेशन #1 के आगे की प्रक्रिया है।

780	मित्र	1,554
x10	ग्राहक	x 10
7800	वितरक	15,540
+ 780	ग्राहक	+ 1,554
8,580		17,094
x \$30		x \$30
\$257,400/ माह		\$512,820/ माह
x 12	महीने	x 12
\$3,088,800/वर्ष		\$6,153,840/वर्ष

नोट्स

नोट्स

अध्याय 14

बिज़नेस प्रशिक्षण सत्र बनाम अवसरों पर केन्द्रित साप्ताहिक मीटिंग

एमएलएम में **अधिकतर लोग** किसी साप्ताहिक अवसर-मीटिंग में शिरकत करके शुरुआत करते हैं। चूँकि वे इस तरह बिज़नेस में आते हैं, इसलिए उन्हें लगता है कि अवसरों पर केन्द्रित साप्ताहिक मीटिंग आयोजित करना और लोगों को उनमें लाना ही इस बिज़नेस का पूरा सार है। जब वे निश्चित संख्या में लोगों को मीटिंग के लिए आमन्त्रित कर लेते हैं, तो उसके बाद आमंत्रित करना छोड़ देते हैं। क्योंकि वे सोचते हैं कि पहले ही पर्याप्त से अधिक लोग मीटिंग में आ रहे हैं। लेकिन होता क्या है? मीटिंग वाली रात कोई भी नज़र नहीं आता। यह बहुत हताशाजनक साबित हो सकता है।

एक आम अवसर-मीटिंग कुछ इस तरह दिखती है : एक कमरा है, जिसमें कुर्सियाँ थिएटर शैली में लगी हैं, या तो घर के या फिर होटल के कमरे में। सामने एक स्टैंड पर ब्लैकबोर्ड या वाइटबोर्ड रखा हुआ है। थ्री-पीस सूट पहने कोई व्यक्ति कंपनी, उत्पाद और ज़ाहिर है मार्केटिंग प्लान के बारे में प्रेज़ेंटेशन दे रहा है। अधिकतर मामलों में यह मीटिंग लगभग डेढ़ घंटे तक चलती है।

जो 22 लोग अवसर-मीटिंग में आते हैं, उनमें से 19 वितरक और तीन नए अतिथि होंगे। अतिथियों के रूप में जिन अधिकतर लोगों को आमंत्रित किया गया था, वे दरअसल आए ही नहीं। मीटिंग आयोजित करने वाला व्यक्ति अतिथियों से बात कर रहा है। इसका मतलब है कि वह वहाँ मौजूद 22 लोगों में से सिर्फ़ तीन से बात कर रहा है! जो वितरक कई बार पहले भी मीटिंग में जा चुका है और उसी प्रेज़ेंटेशन को बार-बार देख चुका है, उसके लिए यह बहुत नीरस हो जाता है। इंसान में वैसी कोई भावना आ जाती है, जिसे मैं "मीटिंग बर्नआउट" कहता हूँ।

प्रेज़ेंटेशन के दौरान अतिथियों पर निगाह रखें। जब वक्ता कंपनी, उत्पाद और मार्केटिंग प्लान के बारे में बताता है, तो वे सहमति में सिर हिलाते हैं। इस सकारात्मक बॉडी लैंग्वेज के बावजूद आपके अतिथि कई बार अवसर को ठुकरा क्यों देते हैं, जब उनसे इस बारे में पूछा जाता है कि क्या वे ख़ुद को शुरुआत करते देखना चाहते हैं? यह समझ में नहीं आता है कि जब उन्हें हर देखी और सुनी चीज़ पसंद आई है, इसके बाद भी वे "नहीं" क्यों कह देते हैं।

"नहीं" का कारण आसान है। वे प्रेज़ेंटेशन कर रहे व्यक्ति को "सफल" मानते हैं। वे सोचते हैं कि अगर उन्हें सफल होना है, तो उन्हें भी मीटिंग्स आयोजित करनी पड़ेंगी। शायद तुरंत नहीं, लेकिन किसी समय उन्हें मीटिंग आयोजित करके उनमें बोलना होगा - यह एक ऐसी चीज़ है, जिससे अधिकतर लोग इतना घबराते हैं, जितना कि मौत से भी नहीं घबराते। वे लोगों के समूह के सामने खड़े होकर बोलने से डरते हैं। अब आप समझ सकते हैं कि आपने उन्हें जो अवसर पेश किया था, उसे उन्होंने क्यों ठुकरा दिया। (वैसे यह एक महत्त्वपूर्ण बात है : उन्होंने अवसर को "नहीं" कहा है, आपको व्यक्तिगत रूप से नहीं ठुकराया है। इस "नहीं" से हताश न हों।)

जब मैं सेमिनार करता हूँ, तो इस बिंदु को साबित करता हूँ। मैं कहता हूँ, "चूँकि मेरे पास सीमित समय है, इसलिए मैं केवल एक ही व्यक्ति को बोलने का मौक़ा दे सकता हूँ। जो लोग यहाँ आकर किसी भी मुद्दे पर अगले तीन मिनट तक बोलना चाहें, कृपया अपने हाथ उठा दें।" बहुत कम, 5 प्रतिशत से भी कम, अपने हाथ उठाते हैं। जब मैं उन्हें बताता हूँ कि मैं बस मज़ाक़ कर रहा था, तो हाथ उठाने वालों के चेहरों पर राहत के भाव नज़र आते हैं।

मैं सैकड़ों ऐसे लोगों को जानता हूँ, जो एक कप कॉफ़ी पर किसी मित्र के साथ लंबी बातचीत कर सकते हैं। लेकिन यही लोग किसी समूह के सामने खड़े होकर बोलने के विचार से ही काँप उठते हैं। समूह के आकार से कोई फ़र्क़ नहीं पड़ता। कई कंपनी प्रेसिडेंटों को भी ठंडा पसीना आने लगता है, जब उन्हें अपने संचालक मंडल या स्टॉकहोल्डरों के सामने प्रेज़ेंटेशन करने के लिए खड़ा होना पड़ता है।

आपको कैसा लगेगा, अगर आप अपने संगठन को बनाते समय इस डर से बच सकें? आपको रोमांचक साप्ताहिक अवसर-मीटिंग को पाना कैसा लगेगा? आप ऐसा कर सकते हैं। एक बार जब आप समझ लेते हैं कि **कैसे**, तो आपका संगठन कई गुणा अधिक तेज़ी से बढ़ेगा।

मैं अपने प्रॉस्पेक्टों से आमने-सामने या "सिज़ल सेशन" में मिलता हूँ। (अध्याय 9, नैपकिन प्रेज़ेंटेशन #8 देखें)। मैं किसी ऐसे रेस्तराँ में मिलना पसंद करता हूँ, जब वहाँ भीड़ न हो। मैं अपने अतिथि को टेप रिकॉर्डर लाने के लिए कहता हूँ। वे टेप पर प्रेज़ेंटेशन रिकॉर्ड कर सकते हैं और बाद में उसकी समीक्षा कर सकते हैं या फिर अपने मित्रों को स्पॉन्सर करने में मदद के लिए उसका इस्तेमाल औज़ार के रूप में भी कर सकते हैं।

मैं हमेशा पसंद करता हूँ कि मुझसे मिलने से पहले वे यह पुस्तक पढ़ लें। इससे आपका काफ़ी समय बच सकता है। अगर आपसे मिलने से पहले ही वे जानते हैं कि "वाहन कैसे चलाना है," तो "वाहन" चुनने में उनकी मदद करना आसान हो जाता है। (अध्याय 4 में नैपकिन प्रेज़ेंटेशन #3 को देखें।)

एमएलएम के लाभों के बारे में थोड़ी छुटपुट बातचीत के बाद उन्हें बता दें कि आप अपनी कंपनी, उत्पाद और मार्केटिंग प्लान के बारे में उनके सामने बीस मिनट का प्रेज़ेंटेशन देना चाहेंगे। चूँकि आपने यह घोषणा कर दी है कि इसमें केवल बीस मिनट लगते हैं, इसलिए इससे यह संदेश जाता है कि कोई भी बीस मिनट का प्रेज़ेंटेशन देना सीख सकता है। इसके अलावा, जब तक वे इसे सीख नहीं लेते, तब तक उन्हें अपने मित्रों के सामने बस टेप ही चलाना है।

अगर कंपनी, उत्पाद और मार्केटिंग प्लान को पेश करने में आपको डेढ़ घंटे लगते हैं, तो आपको बहुत सोच-समझकर चुनना पड़ता है कि आप किसके साथ अपॉइंटमेंट ले रहे हैं। आप डेढ़ घंटे के कितने प्रेज़ेंटेशन दे सकते हैं? जब आप अपने प्रेज़ेंटेशन को घटाकर बीस मिनट का कर लेते हैं, तो इसे किसी कॉफ़ी ब्रेक के दौरान तुरंत दे सकते हैं या लंच ब्रेक में तो दो प्रेज़ेंटेशन भी दे सकते हैं।

मैं 20 मिनट के प्रेज़ेंटेशन को इस तरह विभाजित करना पसंद करता हूँ : 3 मिनट कंपनी के बारे में बातचीत करने के, 7 मिनट उत्पाद के बारे में बातचीत करने और कुछ सैंपल देने के और 10 मिनट मार्केटिंग प्लान को समझाने के लिए। अपने पूरे मार्केटिंग प्लान को कई हिस्सों में विभाजित कर लें। अधिकतर मामलों में आपको किसी व्यक्ति से शुरू करवाने के लिए बाद के हिस्सों को समझाने की ज़रूरत नहीं होगी। याद रखें, उन्होंने बिज़नेस सीखने के लिए हर सप्ताह पाँच से दस घंटे तक स्कूल जाने का वादा किया है। अपनी पहली मीटिंग में उन्हें वह हर चीज़ दिखाने की कोशिश न करें, जो वे अगले छह महीनों में सीखने वाले हैं।

एमएलएम में दो सबसे महत्त्वपूर्ण शब्द हैं **स्पॉन्सर करना** और **सिखाना**। सबसे कम महत्त्वपूर्ण शब्द है "बेचना।" "बेचने" की जगह हमेशा "बताना" शब्द का इस्तेमाल करना चाहिए। महत्त्व में अगले तीन शब्द हैं **दिखाएँ, शामिल करें** और **सुधार करें**। सबसे पहले आप किसी व्यक्ति को अपना बिज़नेस दिखाते हैं।

फिर अगले छह महीने हर सप्ताह पाँच से दस घंटों तक आप उन्हें **शामिल** करते हैं। जब वे इस राह पर चलते हैं, तो इस बारे में उनके ज्ञान और प्रेरणा में सुधार हो जाएगा कि वे बिज़नेस में कहाँ जाना चाहते हैं। हो सकता है कि इसमें आते वक़्त वे हर महीने 300 से 500 डॉलर प्रति माह की अतिरिक्त आमदनी के बारे में सोच रहे हों, लेकिन छह महीने तक शामिल रहने के बाद शायद उनके लक्ष्यों में सुधार हो जाए और वे हर महीने कई हज़ार डॉलर कमाने के बारे में सोचने लगें।

अगर आपका प्रॉस्पेक्ट अपना टेप रिकॉर्डर लाना भूल जाए, तो आप अपना टेप रिकॉर्डर ले आएँ और प्रेज़ेंटेशन पूरा होने पर उसे टेप थमा दें। जब आप बीस मिनट का प्रेज़ेंटेशन शुरू करते हैं, तो इससे पहले उससे कहें कि उसके मन में जो भी सवाल आए, वह उसे लिख ले। उसे बता दें कि जब प्रेज़ेंटेशन पूरा हो जाएगा, तो आप उन सवालों के जवाब देंगे। बताएँ कि अगर आपको प्रेज़ेंटेशन के दौरान सवालों का जवाब देना पड़ा, तो आप इसे बीस मिनट तक सीमित नहीं रख पाएँगे।

आप अपने नए वितरक को औज़ार (टेप) दे रहे हैं, इसलिए आपके पास प्रेज़ेंटेशन को क्रमबद्ध रखने का तार्किक कारण है, जिसमें हर दो-दो मिनट पर व्यवधान न हो। टेप प्रेज़ेंटेशन को क्रमबद्ध भी होना चाहिए। अगर आपको अपने प्रेज़ेंटेशन के दौरान एक सवाल का भी जवाब देना पड़े, तो यह वैसा ही होगा, जैसे कई बिल्लियों में से केवल एक को बैग से बाहर निकलने का अवसर दे दें। एक बार जब आप इधर से उधर कूदने लगते हैं, तो आपके प्रेज़ेंटेशन की निरंतरता टूट जाएगी।

यदि आपका प्रॉस्पेक्ट इस बारे में कोई हिचक दिखाता है कि क्या वह बिज़नेस कर सकता है, तो उससे बस इतना ही कहें, "इससे पहले कि आप अपना अंतिम निर्णय लें, आप हमारे साप्ताहिक प्रशिक्षण सत्र में आकर यह क्यों नहीं देख लेते कि हम अपने लोगों को कैसे प्रशिक्षित करते हैं?"

साप्ताहिक प्रशिक्षण सत्र का उद्देश्य अपने वितरक को यह सिखाना है कि कैसे किसी मित्र के साथ एक कप कॉफ़ी पीने बैठें और अपनी कंपनी, उत्पाद तथा मार्केटिंग प्लान के बारे में बीस मिनट का प्रेज़ेंटेशन दें। पूरे प्रशिक्षण सत्र में एक घंटे से अधिक समय नहीं लगना चाहिए।

अवसर-मीटिंग में आप अतिथियों से बातचीत करते हैं, लेकिन साप्ताहिक प्रशिक्षण सत्र में इसे वितरक पर केंद्रित रखते हैं। क्या आपने कभी ग़ौर किया है कि कोई बात कितनी अधिक विश्वसनीय लगने लगती है, जब यह आपको नहीं, किसी दूसरे को बताई जाए? जब आप अपने वितरक को सिखा रहे हैं कि अपनी कंपनी, उत्पाद और मार्केटिंग योजनाओं को कैसे पेश किया जाए, तो आपके अतिथि भी प्रशिक्षित हो रहे हैं।

सिखाने की इस शैली का कुल परिणाम यह होता है कि अब आपके पास 19 वितरक हैं, जो अवसर को बताने के लिए बेहतर तैयार हैं और तीन अतिथि हैं, जो शामिल हो जाते हैं, क्योंकि वे बिज़नेस करते हुए खुद का चित्र देख सकते हैं। एक ही व्यक्ति पूरे शहर का प्रशिक्षक बन सकता है, इसलिए आप कभी इस विचार को बढ़ावा नहीं देते हैं कि सफल होने के लिए किसी व्यक्ति को समूह के सामने खड़े होकर बोलना होगा।

यह बहुत महत्त्वपूर्ण है कि आपके वितरक सप्ताह में कम से कम एक बार मिलें। सिज़ल सेशनों पर नैपकिन प्रेज़ेंटेशन #8 याद है? आपको अपने "मज़बूत पक्षों" को एक साक्ष रखने की ज़रूरत है, ताकि उचित ऊर्जा को बढ़ावा मिले, जिससे आपके वितरक अपने मित्रों से बातचीत करते समय अधिक प्रभावी बनें।

मीटिंग की सुविधाओं के लिए बहुत सारे पैसे ख़र्च करने की ज़रूरत नहीं होती। कई रेस्तराँओं में पीछे या बग़ल में एक कमरा होता है, जिसे आप बिना अतिरिक्त शुल्क दिए इस्तेमाल कर सकते हैं। बस मैनेजर से बात कर लें और उसे बता दें कि आपका समूह वहाँ हर सप्ताह मीटिंग करना चाहता है। आप अपनी मीटिंग 8 बजे शाम को शुरू करते हैं और रात 9.30 पर ख़त्म कर देते हैं। आप अपने लोगों को मीटिंग से पहले डिनर के लिए जल्दी आने (6.30 से 7 बजे तक) का आमंत्रण दे सकते हैं। मैनेजर को अतिरिक्त वेटर की ज़रूरत भी नहीं होगी, क्योंकि हर व्यक्ति आते समय अपना ऑर्डर देता हुआ आता है। इसके अलावा, अगर वेटर व्यस्त है, तो आपको तेज़ सर्विस की चिंता करने की ज़रूरत नहीं है। रेस्तराँ का मैनेजर और/या मालिक इस

व्यवस्था से खुश होगा और वेटर भी। अंत में, अपने लोगों को अच्छी टिप देने के लिए प्रोत्साहित करें।

इस व्यवस्था में आपको भोजन और टिप से ज़्यादा ख़र्च नहीं आना चाहिए। जो वितरक डिनर नहीं लेना चाहते, उन्हें क़रीब 7.45 बजे आना चाहिए।

हमने पाया है कि इस प्रकार की सामाजिक पृष्ठभूमि बहुत आरामदेह रहती है, जिसमें आपके वितरक किसी अतिथि को ला सकते हैं। आप अपने अतिथि के डिनर या कॉफ़ी के बिल का भुगतान भी कर सकते हैं (इससे आपके भोजन या कॉफ़ी का ख़र्च कारोबारी ख़र्च में बदल जाता है और इस पर टैक्स में छूट मिलती है।) एक बार जब वे साइन कर देते हैं, तो वे अपने दम पर होते हैं।

अपने अतिथि को प्रशिक्षण मीटिंग में आमंत्रित करना ठीक है, भले ही उसने अभी तक आपका बीस मिनट का प्रेज़ेंटेशन नहीं देखा हो। वे इसे तब देख लेंगे, जब निर्देशक वितरक को इसे पेश करने का तरीक़ा सिखाएगा। बहरहाल, आमंत्रण देते वक़्त इस बात पर ज़ोर दें कि वे अवसर-मीटिंग नहीं, प्रशिक्षण सत्र में आ रहे हैं। प्रशिक्षण के दौरान उन्हें अवसर दिख जाएगा।

नोट्स

नोट्स

अध्याय 15

महत्त्वपूर्ण मुहावरे और आपत्तियों से निपटना

जैसा मैंने नैपकिन प्रेज़ेंटेशन #4 में बताया था, आपके बिज़नेस को एक बड़ी निर्माणाधीन इमारत जैसा दिखना चाहिए। आप इमारत को तब तक नहीं देख सकते, जब तक कि यह ज़मीन से ऊपर नहीं उठने लगती और यह तब तक उठना शुरू नहीं कर सकती, जब तक कि एक ठोस नींव न डाल दें। एमएलएम में आप अपनी आमदनी (कोई भी महत्त्वपूर्ण आमदनी) तब तक नहीं देख सकते, जब तक कि इसमें अपनी नींव न बना लें।

जो व्यक्ति सेल्समैन क़िस्म का नहीं होता, उससे मैं इस तरह की बात कहता हूँ, "मैं देख सकता हूँ कि आपके मन में शामिल होने को लेकर शंकाएँ हैं। मैं चाहता हूँ कि आप समझ लें कि अगर आप 'हाँ' कहते हैं, तो मैं आपको प्रशिक्षित करूँगा। यह भी समझ लें कि अगर मुझे नहीं लगता कि आप यह काम कर सकते हैं, तो हम किसी दूसरी चीज़ के बारे में बात कर रहे होते।"

ऊपर बताई गई चीज़ के बारे में आपको जो सवाल खुद से पूछना चाहिए, वह यह है, **"मैं किसी को अपने बिज़नेस में शामिल करने के लिए बात क्यों करना चाहता हूँ, अगर मैं ख़ुद यह नहीं सोचता कि वह यह काम कर सकता है?"** आप यह ज़िक्र भी कर सकते हैं, "एक बार जब आप बिज़नेस में तीस दिन तक रह लें और बिज़नेस के बारे में मेरे ज्ञान का एक छोटा-सा हिस्सा जान लें, तो समझ जाएँगे कि मैं आपके अवसर को लेकर इतना रोमांचित क्यों हूँ।"

"क्या मुझे कुछ बेचना पड़ेगा?" नहीं। बिज़नेस बनाने और अपने मित्रों को उनके बारे में बताने की प्रक्रिया में उत्पाद अपने आप लोगों तक पहुँचेंगे। क्या आपने कभी किसी क्रिस्टल, कुकवेयर, फ़ायर अलार्म या वैक्यूम क्लीनर का

प्रेज़ेंटेशन देखा है। अधिकतर लोग सोचते हैं कि बेचने का मतलब यही होता है। बेचने की परिभाषा 95 प्रतिशत ग़ैर-सेल्समैन लोग देते हैं, जिसे वे बेचना मानते हैं। वे बेचने की परिभाषा इस तरह देते हैं कि यह अजनबियों से बात करना है और उन्हें कोई ऐसी चीज़ ख़रीदने के लिए राज़ी करना है, जिसकी शायद उन्हें ज़रूरत नहीं है या जिसे वे नहीं चाहते हैं। आपको एमएलएम में यह कभी नहीं करना होता। पहली बात, आप उन लोगों से बातचीत कर रहे हैं, जिन्हें आप जानते हैं। दूसरे, आपके पास ऐसे उत्पाद हैं, जिनकी उन्हें ज़रूरत है और जिन्हें वे चाहते हैं।

"क्या यह एक पिरामिड है?" नहीं। एमएलएम और पिरामिडों के बीच एक बहुत बड़ा फ़र्क़ यह है कि पिरामिड ग़ैर-क़ानूनी होते हैं। एमएलएम 50 साल से अधिक समय से मौजूद है और अगर एमएलएम ग़ैर-क़ानूनी होता, तो यह बहुत समय पहले बंद हो गया होता। जब मुझे यह आपत्ति सुनने को मिलती है, तो अधिकतर प्रकरणों में मैं मानता हूँ कि इसके पीछे असफलता का डर छुपा हुआ है। आपके सामने जो व्यक्ति है, वह आपके प्रोग्राम को आज़माने से डर रहा है और वह सोच रहा है कि क्या यह पिरामिड है, यह पूछकर वह आपको अपनी पीठ से उतार देगा, क्योंकि अधिकतर वितरक यह नहीं जानते कि इस सवाल पर कैसे प्रतिक्रिया करनी है।

"मैं बिज़नेस में उतरने का ख़र्च नहीं उठा सकता।" अधिकतर एमएलएम कंपनियों में कोई भी व्यक्ति 100 डॉलर से कम में अपना बिज़नेस शुरू कर सकता है। जब तक कि वे अपना बाक़ी जीवन किसी दूसरे के लिए काम करने में न बिताना चाहते हों, तब तक वे बिज़नेस में न उतरना बर्दाश्त ही नहीं कर सकते। "आर्थिक सफलता" की मेरी परिभाषा है, आप जितना पैसा ख़र्च कर सकते हैं, उससे अधिक पैसा होना और उसे ख़र्च करने का समय होना। मेरी राय में सच्चाई यही है कि किसी दूसरे के लिए काम करते समय आप कभी "आर्थिक सफलता" हासिल नहीं कर पाएँगे।

"मेरी पत्नी/पति की रुचि नहीं होगी।" इस वजह से पीछे न रुके रहें। अधिकतर मामलों में एक ही साथी इस बिज़नेस को शुरू करता है। एक बार जब यह सफल होने लगता है, तो दूसरा जीवनसाथी भी उससे जुड़ जाता है। ऐसा होने पर आपका बिज़नेस सचमुच उड़ान भर सकता है। एमएलएम में जब कोई युगल मिलकर बिज़नेस बनाता है, तो यह 1+1=2, नहीं होता, यह तो 1+1 = अधिक होता है। आपको एक सह-ऊर्जा मिलती है, जो सचमुच शक्तिशाली होती है।

"क्या किसी कंपनी द्वारा सीधे स्पॉन्सर होने में लाभ है?" नहीं। वास्तव में, मैं इसे नुक़सान की बात मानता हूँ। आपके और कंपनी के बीच जितने अधिक वितरक हों, उतना ही बेहतर है। आपकी अपलाइन के हर व्यक्ति को आपकी गतिविधियों में मदद करनी चाहिए और समर्थन देना चाहिए। जब आपको कंपनी सीधे स्पॉन्सर करती है, तो आप अपने खुद के दम पर होते हैं।

"मुझे कितने डाउनग्रुप तक काम करना चाहिए?" जितने नीचे तक कर सकें, उतना ही बेहतर है। कई वितरक अपने भुगतान के लेवल से नीचे काम नहीं करते हैं। मैं सोचता हूँ कि यह एक ग़लती है। नैपकिन प्रेज़ेंटेशन #9 याद है? जब आप अपने सीधे भुगतान लेवल से परे जाकर काम करते हैं, तो उन वितरकों को उत्साहित कर रहे हैं, जिनके नाम पर आपको भुगतान हो रहा है।

"मैं किसी एमएलएम कंपनी को कैसे चुनूँ?" जब तक आप यह पढ़ रहे होंगे, आप शायद किसी न किसी कंपनी से जुड़ चुके होंगे। सच्चाई तो यह है कि अधिकतर लोग अपनी पहली कंपनी खुद नहीं चुनते हैं। वे किसी कंपनी से जुड़े व्यक्ति को जानते हैं, जो उन्हें भी उसमें शामिल कर लेता है।

"क्या मैं एक से अधिक प्रोग्राम के साथ काम कर सकता हूँ?" इसका उचित जवाब देने के लिए मुझे कंपनियों को दो श्रेणियों में विभाजित करना होगा। महत्त्वपूर्ण प्रयास प्रोग्राम, जिनमें ब्रेकअवे और कुछ न्यूनतम आवश्यकताएँ होती हैं। और मेल-ऑर्डर तथा यूनी-लेवल प्रकार। अधिकतर लोग एक प्रमुख प्रयास प्रोग्राम से अधिक को नहीं सँभाल सकते। आप अपनी सूची में बाद वाली श्रेणी के कई प्रोग्राम अवश्य रख सकते हैं, जब तक कि आप यह समझते हों कि इन प्रोग्राम में होने वाली गतिविधि को आपके प्रमुख प्रयास प्रोग्राम को सहारा देना चाहिए। एक पुरानी कहावत है कि अगर आग में आपकी बहुत सारी सलाखें हैं और उनमें से एक गर्म है, तो आपको बाक़ी सलाखों की ज़रूरत नहीं है। किसी प्रमुख प्रोग्राम में काम करने वाले अधिकतर वितरक अपना समय उस वाले प्रोग्राम में बिताएँगे, जो उनके लिए सबसे अच्छी तरह काम करता हो।

"मेरे पास समय ही नहीं है।" नई भर्ती करने और स्पॉन्सर करने के चार तत्व हैं : 1) संपर्क, 2) समय, 3) ऊर्जा, और 4) ज्ञान। अगर मैं किसी बहुत व्यस्त व्यक्ति से बात कर रहा हूँ, तो मैं बस कहता हूँ, "मैं आपसे आपका समय नहीं माँग रहा हूँ, बस आपके संपर्क माँग रहा हूँ। अपने मित्रों के सामने एमएलएम

का विचार पेश करें और उनसे मुझसे संपर्क करने को कहें। दूसरे शब्दों में, हम आपके संपर्कों, मेरे समय, मेरी ऊर्जा और मेरे ज्ञान का इस्तेमाल करेंगे। आपको दो मिनट लगेंगे, लेकिन मैं दो घंटे दूँगा।"

"नई भर्ती करने और स्पॉन्सर करने में क्या फ़र्क है?" रिक्रूट (भर्ती) करने का मतलब है किसी ऐसे व्यक्ति को अपने संगठन में लाना, जिसे पहले से ही मल्टी-लेवल मार्केटिंग (एमएलएम) का अनुभव हो। स्पॉन्सर करने में यह भाव जुड़ा होता है कि आप किसी नए व्यक्ति को एमएलएम में ला रहे हैं। इस तरह किसी को स्पॉन्सर करते वक़्त आप उसे यह प्रशिक्षण देने का वादा कर रहे हैं कि उद्योग कैसे काम करता है। आप रिक्रूट करके बहुत जल्दी निर्माण कर सकते हैं। बहरहाल, स्पॉन्सर करके आप ठोस निर्माण कर सकते हैं।

प्रतिस्पर्धा का विचार : आपके लोग किसी ऐसे व्यक्ति को स्पॉन्सर करके प्रतिस्पर्धा में दाख़िल होते हैं, जो कभी एमएलएम में नहीं रहा है। नया व्यक्ति एक स्टेटमेंट साइन करता है कि यह उसकी पहली कंपनी है। आप जितनी बार चाहें, इस प्रतिस्पर्धा में दाख़िल हो सकते हैं। जैसे-जैसे नया व्यक्ति उपलब्धि के विभिन्न स्तरों तक पहुँचता है, प्रशिक्षक को पुरस्कार और सम्मान मिलता जाता है।

"मेरा स्पॉन्सर मेरी मदद नहीं करता है। मुझे क्या करना चाहिए?" अपलाइन में ऊपर जाएँ और तब तक खोजते रहें, जब तक कि आपको कोई ऐसा वितरक न मिल जाए, जो आपकी मदद करने को तैयार हो। अगर आपका स्पॉन्सर निष्क्रिय है, तो अंततः वह हट जाएगा और आप ऊपर होकर भी उसी के नीचे आ जाएँगे, जो आपकी मदद कर रहा है।

"भोज कितने महत्त्वपूर्ण होते हैं?" जब भी आप अपने वितरक को एकत्रित करने के लिए कुछ सकारात्मक पहल करते हैं, तो आप ऊर्जा का निर्माण कर रहे हैं।

"मेरे घर से दो घंटे की दूरी पर एक कस्बा है। मैं वहाँ पाँच लोगों को जानता हूँ। क्या मुझे पाँचों लोगों को ख़ुद स्पॉन्सर करना चाहिए या मुझे किसी एक को स्पॉन्सर करना चाहिए और बाकी को उसके नीचे रख देना चाहिए?" आपको कभी किसी को किसी के नीचे नहीं रखना चाहिए, जब तक कि आप दोनों पक्षों को एक साथ न लाए हों और लाभ व सहारा साझा न हो। मैं सबसे अच्छे व्यक्ति को सबसे पहले स्पॉन्सर करूँगा। फिर, कुछ सिज़ल सेशन करें, ताकि आप पहले व्यक्ति का परिचय बाक़ी चारों से करा सकें। अगर उनकी

पटरी बैठ जाती है, तो बेहतरीन है। अगर नहीं, तो काम तो आपको वैसे भी करना है, इसलिए आप उन्हें खुद स्पॉन्सर कर सकते हैं।

"मेरी कंपनी कहती है कि मैं किसी दूसरी कंपनी से नहीं जुड़ सकता।" यह देखना दिलचस्प है कि कुछ कंपनियों में यह नज़रिया होता है। वे दूसरी कंपनियों के वितरक को तो अपने यहाँ रिक्रूट करके खुश होती हैं, लेकिन अगर दूसरी कंपनियाँ ऐसा करना चाहती हैं, तो बुरी तरह ना-ना करने लगती हैं। ये वही कंपनियाँ हैं, जो कहती हैं, "हमारे साथ आओ और अपनी स्वतंत्रता कमाओ।" जैसे ही आप ऐसा करते हैं, वे आपकी मालिक बनना चाहती हैं।

"मैं अपनी कंपनी से ख़ुश हूँ, फिर मुझे दूसरी कंपनी से क्यों जुड़ना चाहिए?" हम अपने उद्योग एमएलएम को समर्थन देने में यक़ीन करते हैं। जब हम अपने परिवार के लिए कोई चीज़ चाहते हैं, तो रिटेल या डायरेक्ट सेल्स आउटलेट से ख़रीदने के बजाय किसी कंपनी से जुड़ना और उत्पाद को थोक में ख़रीदना पसंद करते हैं। आप थोक में उत्पाद ख़रीदने के लिए बहुत सी कंपनियों से जुड़ सकते हैं और साइन कर सकते हैं। बहरहाल, यह ध्यान रखें कि बहुत कम वितरक सफल होंगे, अगर वे एक से अधिक कंपनियों में संगठन बनाने की कोशिश करें।

"मैं एमएलएम से थक गया हूँ। मेरी कंपनी ने अभी-अभी ख़ुद को दिवालिया घोषित कर दिया है।" यह तो वैसा ही है, जैसे आप किसी शहर जाएँ और वहाँ किसी रेस्तराँ में आपको बुरा भोजन मिले तथा इस बात से आप इस निर्णय पर पहुँचें कि शहर का हर रेस्तराँ ख़राब है। याद रखें, आप एमएलएम में असफल हो ही नहीं सकते। आप सिर्फ़ इसे छोड़कर असफल हो सकते हैं। अगर आपकी कंपनी दिवालिया हो जाती है, तो दूसरी खोज लें। कभी भी इसे न छोड़ें। अपनी क़ब्र पर दो संभावित स्मृति-लेखों की कल्पना करें : (ख़ाली जगह पर अपना नाम लिख लें) 1) "यह.......... है, जिसने जीवन में एक बार कोशिश की और छोड़ दी," या 2) "यह.......... है, जिसने कभी सफलता हासिल नहीं की, लेकिन कभी कोशिश नहीं छोड़ी।"

"मुझे अपनी नियमित नौकरी कब छोड़नी चाहिए?" कई वितरक बहुत जल्दी फुल-टाइम काम करने के लिए लालायित हो उठते हैं। यह बहुत बड़ी ग़लती है। इससे उन पर तुरंत पैसे कमाने का बहुत ज़्यादा दबाव आ जाता है। जब इस सप्ताह का मकान किराया ही चुकाना हो, तो अपनी नींव पर काम करना मुश्किल होता है। आपको अपनी नौकरी तब तक नहीं छोड़नी चाहिए,

जब तक कि आप एक संचित निधि न बना लें और आपको अपनी नियमित नौकरी से जितनी कमाई होती है, एमएलएम में उससे कम से कम दोगुनी कमाई न होने लगे। याद रखें, आपको बोनस महीने में सिर्फ़ एक बार मिलता है (अधिकतर प्रोग्राम में)। अधिकतर लोगों को हर सप्ताह भुगतान की आदत होती है। कुछ लोग इसे "कमज़ोर भुगतान" की कहते हैं।

"आप चित्र में बहुत सारा सामान बेचने और बहुत सारे लोगों को ख़ुद स्पॉन्सर करने (अ) तथा कुछ गंभीर वितरक (एक बार में पाँच) के साथ नीचे काम करने (ब) के बीच फर्क कैसे दिखा सकते हैं?"

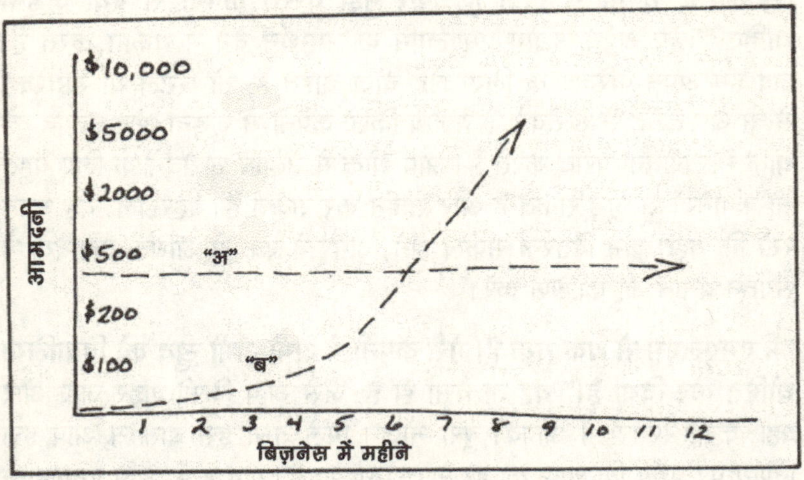

जो वितरक बहुत सामान बेचता है और बहुत सारे लोगों को स्पॉन्सर करता है, वह "अ" लाइन पर होगा। जो वितरक कुछ गंभीर वितरक के साथ काम करता है, वह "ब" लाइन पर होगा। अपने नए वितरक से पूछें कि वे किस लाइन पर होना पसंद करेंगे। जब वे "ब" कहते हैं, तो आपको उनसे पूछना चाहिए, "क्या आप समझते हैं कि "ब" लाइन पर रहने में आप शुरुआती कुछ महीने ज़्यादा पैसे नहीं कमा पाएँगे?" एक बार फिर, आप उनके दिमाग़ की प्रोग्रामिंग छह महीने के लिए करने की कोशिश कर रहे हैं।

नोट्स

नोट्स

अध्याय 16

90 प्रतिशत जनसंख्या को नेटवर्क मार्केटिंग में क्यों होना चाहिए

90 फ़ीसदी लोगों को नेटवर्क मार्केटिंग में होना चाहिए। जब आप अगले प्रेज़ेंटेशन को समझ लेते हैं, तो आप देख लेंगे कि क्यों।

अधिकतर देशों में खेल इस तरह चलता है कि तब तक काम करो, जब तक कि रिटायर न हो जाओ और पर्याप्त पैसे इकट्ठे कर लो, ताकि आरामदेह तरीक़े से तब तक जी सको, जब तक कि मर न जाओ। सोशल सिक्युरिटी पर जीना कोई आरामदेह जीना नहीं होता।

जब आप अपने चुने हुए घर में रह रहे हों (जिसकी कोई क़िस्त बाक़ी न हो), अपनी पसंदीदा कार चला रहे हों (कोई क़िस्त बाक़ी न हो); जब आपके क्रेडिट कार्ड्स का पूरा भुगतान हो और जब कोई फ़ोन बिल न हो - दूसरे शब्दों में, आपका कोई बिल बकाया न हों - जब आप इस स्थिति में हों और आपके पास हर महीने 10,000 डॉलर आ रहे हों, चाहे आप पलंग से उठें या न उठें, तो आपकी जीवनशैली अधिकतर लखपतियों से बेहतर होगी।

आपको हर महीने 10,000 डॉलर मिलें, इसके लिए अधिकतर लोगों को 5 प्रतिशत ब्याज पर बैंक में 24,00,000 डॉलर रखने की ज़रूरत होगी। चार्ट #1 पर नज़र डालें। वहाँ आपको पता चल जाएगा कि विभिन्न मासिक आमदनियों के लिए विभिन्न ब्याज दरों पर कितने पैसों की ज़रूरत होगी। अपनी मनचाही आमदनी को चुनें, फिर देखें कि उसे पाने के लिए आपको कितने पैसे इकट्ठे करने होंगे। याद रखें, इकट्ठा करने के लिए पहले आपको पैसे कमाने हैं, टैक्स चुकाने हैं, कार तथा अपने सारे बिलों का

भुगतान करना है। आपके पास इकट्ठा करने के लिए दरअसल बचता ही कितना है?

तो अब हम जानते हैं कि :

10,000 डॉलर की मासिक आमदनी के लिए आपको 24,00,000 डॉलर की संचित निधि की ज़रूरत होती है।

इसे आधा यानी 12,00,000 डॉलर कर दें, तो आपको हर महीने 5,000 डॉलर मिलते हैं।

आप ऐसे कितने लोगों को जानते हैं, जो अपने रिटायर होने तक 12,00,000 से 24,00,000 डॉलर तक इकट्ठा कर सकते हैं?

नेटवर्क मार्केटिंग में कोई भी व्यक्ति 2 से 5 साल में 5,000 डॉलर से 10,000 डॉलर प्रति माह की पार्ट-टाइम आमदनी कर सकता है। यह पैसा उसी तरह ख़र्च किया जा सकता है, जिस तरह आप 12,00,000 से 24,00,000 डॉलर पर 5 प्रतिशत ब्याज दर से मिलने वाले पैसे को करते।

आप भी 2 से 5 साल तक काम करके ऐसे व्यक्ति बन सकते हैं और आपको इतनी आमदनी हो सकती है।

आइए, शुरुआती कुछ महीनों से एक साल तक पर नज़र डालते हैं : 200 डॉलर मासिक आमदनी के लिए बैंक में 48,000 डॉलर रखने की ज़रूरत होती है। वह भी तब, जब हम यह मानकर चल रहे हैं कि आपको 5 प्रतिशत ब्याज मिल रहा है। यह आँकड़ा वास्तविकता से ऊँचा है, क्योंकि सामान्य बैंकों में ब्याज दर इससे काफ़ी कम है! आप ऐसे कितने लोगों को जानते हैं, जो 3 महीनों में 48,000 डॉलर बचा सकते हैं? हमारे सिस्टम का इस्तेमाल करके लगभग हर व्यक्ति ऐसा संगठन बना सकता है, जिससे उन्हें 200 डॉलर प्रति माह की आमदनी होने लगे।

ज़रा नीचे ग़ौर करें :

आप ऐसे कितने लोगों को जानते हैं, जो हर महीने 3,000 से 6,000 डॉलर बचा सकते हों? अधिकतर लोग कहेंगे, कोई नहीं। आप ऐसे कितने लोगों को जानते हैं, जो एक महीने में एक मित्र को स्पॉन्सर कर सकते हैं? याद रखें, इसमें सिर्फ़ 45 सेकेंड की बातचीत की ज़रूरत होती है, फिर आप उन्हें पुस्तक उधार देते हैं, ताकि वे पहले चार नैपकिन प्रेज़ेंटेशन पढ़ लें। फिर आप उन्हें अपने

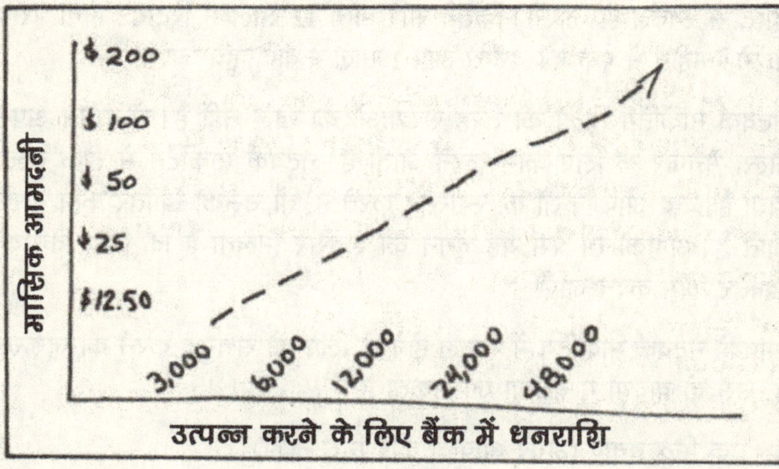

स्पॉन्सर से मिलाते हैं। यह 3 – तरफ़ा कॉल से भी किया जा सकता है। क्या यह रोचक नहीं है कि इस सिस्टम पर चलने वाला हर व्यक्ति हर महीने एक मित्र को स्पॉन्सर कर सकता है और उसे भी ऐसा ही करना सिखा सकता है?

नोट : अगर आप महीने में सिर्फ़ एक ही व्यक्ति को स्पॉन्सर करते हैं और अपने लोगों को भी यही करना सिखाते हैं, तो आपका संगठन इस तरह दिखेगा :

क्या हो, अगर आप ऐसा साल में एक बार करें और अपने लोगों को भी ऐसा ही करना सिखाएँ? इस तरह काम करने पर भी आप 12 साल बाद आर्थिक

महीने	आपके संगठन में लोगों की संख्या
1	2
2	4
3	8
4	16
5	32
6	64
7	128
8	256
9	512
10	1,024
11	2,048
12	4,096

दृष्टि से स्वतंत्र हो जाएँगे। कितने सारे लोग 12 साल में रिटायर होना पसंद करेंगे? महीने में एक की दर से आप 1 साल में वहाँ पहुँच जाएँगे!

नेटवर्क मार्केटिंग बिक्री की तरह संख्याओं का खेल नहीं है। सेल्समैन अपने सेल्स मैनेजर के लिए काम करने जाता है। नेटवर्क मार्केटिंग में ठीक उल्टा होता है। जब आप किसी को स्पॉन्सर करते हैं, तो उसकी ख़ातिर काम करने जाते हैं। आपको तो बस यह चुनने का अवसर मिलता है कि आप किसकी ख़ातिर काम करने जाएँ!

आपको नेटवर्क मार्केटिंग में सफल होने के लिए जो सचमुच करने की ज़रूरत है, उसे दो वाक्यों में बताया जा सकता है :

1. एक मित्र बनाएँ (अगर आपका कोई मित्र न हो)।
2. उसके मित्रों से मिलें।

चार्ट #1 – "क्या आप अपने रिटायरमेंट में सुरक्षित हैं?"

क्या आप जानते हैं कि आप रिटायरमेंट में जितना ब्याज पाना चाहते हैं, उसके लिए आपके पास बैंक में कितने पैसे होने चाहिए? "अपने जीवन के स्वामी" बनने का मतलब है कि आप वे चीज़ें करने में समर्थ हों, जो आप करना चाहते हों और ख़र्च की चिंता न करें! नीचे दिया चार्ट बताता है कि बैंक के ब्याज के प्रतिशत के आधार पर आपको कितनी धनराशि के निवेश की ज़रूरत है, ताकि आपको वह मासिक राशि मिल सके, जिससे आपकी ज़रूरतें पूरी हो जाएँ। आप जो राशि पाना चाहते हैं, उसे खोजें और फिर आज बैंकों द्वारा दी जा रही ब्याज दर को चुनें और देखें कि आपको रिटायरमेंट के लिए कितने पैसे बचाने की ज़रूरत है।

200 डॉलर प्रति माह		600 डॉलर प्रति माह		800 डॉलर प्रति माह		1,000 डॉलर प्रति माह	
ब्याज दर	बैंक में राशि	ब्याज दर	बैंक में राशि	ब्याज दर	बैंक में राशि	ब्याज दर	बैंक में राशि
2%	$120,000	2%	$362,000	2%	$480,000	2%	$600,000
3	80,000	3	240,000	3	320,000	3	400,000
4	60,000	4	180,000	4	240,000	4	300,000
5	48,000	5	144,000	5	192,000	5	240,000
6	40,000	6	120,000	6	160,000	6	200,000
7	34,286	7	102,857	7	137,143	7	171,429
8	30,000	8	90,000	8	120,000	8	150,000
9	26,667	9	80,001	9	106,667	9	133,334
10	24,000	10	72,000	10	96,000	10	120,000

2,000 डॉलर प्रति माह		4,000 डॉलर प्रति माह		5,000 डॉलर प्रति माह		10,000 डॉलर प्रति माह	
ब्याज दर	बैंक में राशि	ब्याज दर	बैंक में राशि	ब्याज दर	बैंक में राशि	ब्याज दर	बैंक में राशि
2%	$1,200,000	2%	$2,400,000	2%	$3,000,000	2%	$6,000,000
3	800,000	3	1,600,000	3	2,000,000	3	4,000,000
4	600,000	4	1,200,000	4	1,500,000	4	3,000,000
5	480,000	5	960,000	5	1,200,000	5	2,400,000
6	400,000	6	800,000	6	1,000,000	6	2,000,000
7	342,857	7	685,714	7	857,143	7	1,714,285
8	300,000	8	600,000	8	750,000	8	1,500,000
9	266,667	9	533,334	9	666,668	9	1,333,335
10	240,000	10	480,000	10	600,000	10	1,200,000

हमारे पास जो सिस्टम है, वहाँ आप हर सप्ताह कुछ घंटे स्कूल जाकर सीख सकते हैं कि इसे कैसे करना है, आप इसमें शामिल हो सकते हैं और जिस स्तर के लिए आप काम करना चाहें, वहाँ अपनी आर्थिक सुरक्षा हासिल कर सकते हैं। हम जानते हैं कि अगर आप हमारा सिस्टम सीख लें, तो 1 से 3 साल में आर्थिक रूप से स्वतंत्र हो सकते हैं, वह भी 50,000 डॉलर से अधिक की सालाना आमदनी के साथ। कोई अच्छी नौकरी पाने के लिए विद्यार्थी जब शिक्षा ग्रहण करने कॉलेज जाते हैं, तो कितने सारे विद्यार्थी कर्ज़ में डूब जाते हैं, मगर फिर भी स्नातक होने के बाद 1 से 3 साल में 50,000 डॉलर की सालाना आमदनी पर आर्थिक रूप से स्वतंत्र नहीं हो पाते? मैं व्यक्तिगत रूप से ऐसी किसी नौकरी के बारे में नहीं जानता, जो आपको यह अवसर दे सकती हो; सिर्फ़ घर से शुरू किया गया व्यवसाय आपको यह अवसर दे सकता है। अगर आप अपने जीवन के स्वामी बनना चाहते हैं, अगर आप इस अवसर से लाभ उठाना चाहते हैं, तो उस व्यक्ति से संपर्क करें, जिसने आपको यह पुस्तक दी है।

नोट्स

अध्याय 17

जीवनशैली और नेतृत्व का स्वप्न

हम 28 वर्षों से पूरे संसार की यात्रा कर रहे हैं। हम अंतरराष्ट्रीय जीवनशैली प्रशिक्षक या लाइफ़स्टाइल ट्रेनर हैं और लोगों को सिखाते हैं कि सफल नेटवर्क मार्केटिंग संगठन बनाकर जीवन की गुणवत्ता को बेहतर कैसे किया जाए। हमें अपने काम से बेहद प्रेम है! और ऐसा इसलिए है, क्योंकि जब आप नेटवर्क मार्केटिंग में सफल होते हैं, तो अच्छे और सुखी होते हैं। वैसे सच्चाई तो यह है कि नेटवर्क मार्केटिंग में आपको जीविका के लिए कड़ी मेहनत नहीं करनी होती। बेहतरीन जीवनशैली पाने के लिए आप स्मार्ट तरीक़े से काम करते हैं। यही खुद के तथा अपने परिवार के लिए बेहतर जीवन शुरू करने का समय है। यही अपने जीवन से तनाव को दूर करने का समय है। यही कुछ अलग करने का समय है। यदि आप नहीं जानते कि आप क्या चाहते हैं और यह भी नहीं जानते कि कहाँ जा रहे हैं, तो खोकर रह जाएँगे, भटक जाएँगे। और निश्चित रूप से आप अपने सपनों का जीवन नहीं जी रहे होंगे। यही परिवर्तन करने का समय है और नेटवर्क मार्केटिंग उस परिवर्तन में आपकी मदद कर सकती है।

नैन्सी का जीवन बस एक उदाहरण है। उसने कंपनी जगत में सात साल तक मेहनत की, लेकिन इसके बाद उसकी तरक्क़ी रुक गई, क्योंकि ऊपर काँच की छत आ गई थी। वह और मैं दोनों ही जानते हैं कि अपने जीवन के स्वामी न होने पर कैसा लगता है। और मैं आपको बता दूँ, एक बार जब वह नेटवर्क मार्केटिंग में आ गई, तो हर चीज़ बेहतर हो गई – इसीलिए इस बिज़नेस को समझना लोगों के लिए बहुत महत्त्वपूर्ण है। मैं आपको एक और महिला का उदाहरण देना चाहूँगा, जिससे मैं थाईलैंड में मिला था। वह किसी फ़ैक्ट्री में काम कर रही थी और तक़रीबन 120 डॉलर प्रति माह कमा रही थी। जब इस

महिला को नेटवर्क मार्केटिंग का स्वप्न दिखाई दिया और उसने सीख लिया कि उसे क्या करने की ज़रूरत है, तो वह हर महीने 20,000 डॉलर से अधिक कमाने लगी। एक और मिसाल उस महिला की है, जिससे मैं न्यू यॉर्क में मिला था। वह एक बैंक में काम करती थी और हर साल 1,00,000 डॉलर से अधिक कमा रही थी, मगर उसके पास समय नहीं था। वह सचमुच एक रिश्ता जोड़ना चाहती थी, बच्चे चाहती थी, लेकिन उसके पास इन चीज़ों के लिए समय ही नहीं था। उसके पास पैसा तो बहुत था, मगर समय ज़रा-सा भी नहीं था। उसने हमारे एक नेटवर्किंग प्रशिक्षण में शिरकत की और उसे सपने की झलक दिख गई कि वह क्या करना चाहती है। वह जानती थी कि वह नेटवर्क मार्केटिंग में अधिक पैसे बना सकती है, इसलिए उसने नेटवर्क मार्केटिंग में अपना बिज़नेस बनाना शुरू कर दिया। आज वह विवाहित है, उसका परिवार है और वह अधिक पैसे बना रही है। वह अपने जीवन की स्वामी बन चुकी है।

आप ज़िंदगी से चाहे जो चाहते हों, जीवन में चाहे जो योगदान देना चाहते हों, आपको नेटवर्क मार्केटिंग में वह अवसर मिलेगा। और सफल होने के लिए आपको जो पहली चीज़ करनी होगी, वह है एक स्वप्न देखना जो आपके लिए सचमुच महत्त्वपूर्ण हो। दूसरे शब्दों में, आप क्या चाहते हैं? आप ज़िंदगी से सबसे अधिक क्या चाहते हैं? हो सकता है, आप अच्छा स्वास्थ्य और अधिक ऊर्जा चाहते हों, या शायद आप अवशिष्ट आमदनी चाहते हों, ताकि बिलों के भुगतान की चिंता न करनी पड़े। हो सकता है आप मानसिक शांति या प्रेमपूर्ण संबंध चाहते हों। अवकाश, स्पोर्ट्स कार या नया घर चाहते हों। शायद आपका कोई ख़ास परोपकारी उद्देश्य या संस्था हो, जिसे समय या पैसों के दान की ज़रूरत हो। हो सकता है आप अपने चर्च को अधिक समय देना चाहते हों या पर्यावरण को बचाने पर अधिक ध्यान केंद्रित करना चाहते हों। हो सकता है आप अधिक धन और अधिक समय किन्हीं भी कारणों से चाहते हों। कारण चाहे जो हों, अगर आप ये चीज़ें चाहते हैं, तो आपके पास उन्हें साकार करने का अवसर है। दौलत आपकी ज़िंदगी में आ सकती है। उसके लिए आपके पास आज एक विकल्प है। आपको सपना देखना होगा। एक बार जब आप जान जाते हैं कि आपके पास विकल्प है, तो कोई भी चीज़ आपको पीछे नहीं रोक पाएगी। मैं सुझाव देता हूँ कि आप जो चाहते हों, उसकी एक तस्वीर लें - एक वास्तविक फ़ोटोग्राफ़। उसे वहाँ रखें, जहाँ उसे अक्सर देख सकें। इससे इसे वास्तविक बनाने और आपके मन के सामने रखने में मदद मिलेगी। मैं यह बताना चाहूँगा, मैंने हमारे घर के फ़्रिज पर जो भी तस्वीर चिपकाई है, वह हर

तस्वीर साकार हुई है। सपने वास्तविकताएँ बन सकते हैं, आपके अनुमान से कहीं जल्दी। यह जादू की तरह है। आपका सपना आपको सफलता की ओर ले जाता है। यह बेहद आश्चर्यजनक है कि क्या हो सकता है। और हमेशा याद रखें, जब आप एक सपने तक पहुँच जाते हैं, तो इसके बाद अगले सपने की ओर बढ़ जाएँ। आपके सपने बस साकार होते रहेंगे, बशर्ते आप वह जीवन चुनते रहें, जिसे आप चाहते हैं।

नेटवर्क मार्केटिंग क्यों?

मैं सोचता हूँ कि हर व्यक्ति को नेटवर्क मार्केटिंग में होना चाहिए। मेरा सपना और मेरा लक्ष्य यही है : जिस भी व्यक्ति में उद्यमी भाव है, उसे नेटवर्क मार्केटिंग में लाना। उन्हें तो बस इसे समझना है और इस पर यक़ीन करना है। और अगर वे इसे समझ लेते हैं, तो वे इस पर यक़ीन अवश्य करेंगे! इतने सारे लोग पहले से ही नेटवर्क मार्केटिंग से जुड़े हैं और बड़े बिज़नेस खड़े कर रहे हैं। मैं ऐसे बहुत से लोगों को जानता हूँ! नेटवर्क मार्केटिंग में आपका कोई बॉस नहीं होता। आप अपने खुद के बॉस होते हैं; आप सेल्फ़-एम्प्लॉइड होते हैं। इसीलिए आपको आत्म-अनुशासन की ज़रूरत होती है। इसीलिए आपको स्व-प्रेरित होना पड़ता है। इतने सारे वर्षों तक संसार की यात्रा करने के बाद मैंने पाया है कि लोग घर से शुरू किए गए नेटवर्किंग बिज़नेस से दो महत्त्वपूर्ण चीज़ें चाहते हैं : 1) वे अपनी जेब में जल्द से जल्द थोड़ा पैसा चाहते हैं, ताकि वे बेहतर जीवन जी सकें; और 2) वे आनंद का अवसर चाहते हैं। बहुत सारे लोगों की नौकरी दुखद होती है और कई लोगों के पास तो नौकरी ही नहीं होती। एहसास करने वाली बात यह है कि नेटवर्क मार्केटिंग में आप अच्छी जीविका कमा सकते हैं और इसे करते समय मज़े भी कर सकते हैं। आप पार्ट-टाइम शुरुआत कर सकते हैं और वहाँ से आगे का काम कर सकते हैं।

आपके जीवन के छह प्रमुख क्षेत्र होते हैं। ये हैं :

1. ईश्वर
2. परिवार
3. कामकाज
4. सामाजिक
5. आर्थिक
6. शारीरिक

ये सभी क्षेत्र आपको अच्छा और खुश रखने के लिए मिलकर काम करते हैं। और आप अपने जीवन के प्रत्येक क्षेत्र में लीडर बन सकते हैं। आप जीवन में संतुलन को सचमुच हासिल कर सकते हैं। आप जिस जीवन के सपने देखते हैं, उसे नेटवर्क मार्केटिंग में जी सकते हैं और इसे करते वक़्त बहुत मज़े भी कर सकते हैं! जब आप लीडर होते हैं, तो सीखते हैं कि स्मार्ट तरीक़े से कैसे सोचा जाए, स्मार्ट तरीक़े से कैसे बिज़नेस बनाया जाए और स्मार्ट कैसे बना जाए। आप अपने और दूसरों के जीवन में सचमुच फ़र्क़ ला सकते हैं। इसलिए यही समय है कि आप अपने जीवन की पड़ताल करें और इसे दोबारा बनाएँ। यही समय है कि आप खुद को ऊपर उठाएँ, अपनी धूल साफ़ करें और खुद के, अपने परिवार तथा अपने मित्रों के लिए एक नया जीवन बनाएँ। आप यह कर सकते हैं, क्योंकि आपकी मदद करने के लिए औज़ार पहले से मौजूद हैं। यही समय है कि आप अपना नेतृत्व करें और अपनी टीम को दिखा दें कि आप कंपनी में अगले स्तर तक उनका नेतृत्व कर सकते हैं। यदि आपकें पास कोई टीम नहीं है, तो यही टीम बनाना शुरू करने का समय है। नेटवर्किंग एक बहुत सामाजिक और आनंददायक अवसर है। आपको इसमें ज़िंदगी का मज़ा आ जाएगा! यह एक ऐसा बिज़नेस मॉडल है, जो आपका और आपकी जान-पहचान के हर व्यक्ति का जीवन बदल सकता है। बहुत से लोग यह पहले से कर रहे हैं। यही समय है कि आप भी इसे करने के लिए चल पड़ें। लोगों की नौकरियाँ जा रही हैं, लोग डर-डर कर जी रहे हैं। आपको इस तरह जीने की ज़रूरत नहीं है। आपके पास आज एक विकल्प है। यही अवसर बनाने का समय है।

याद रखें, आपका नज़रिया और आपके कार्य आपके शब्दों से अधिक तेज़ आवाज़ में बोलते हैं। आपका नज़रिया पहले सामने पहुँचता है और फिर सफलता पीछे-पीछे अपने आप आ जाएगी। और आपको किस तरह के नज़रिये की ज़रूरत है? आपको हर दृष्टि से सकारात्मक नज़रिये की ज़रूरत है। आपको अपने सपनों के बारे में जोश की ज़रूरत है और उन्हें साकार करने के लिए साधनों की ज़रूरत है। इसके साथ ही आपको एक अच्छे लीडर के गुण सीखने की भी ज़रूरत है। नेटवर्क मार्केटिंग में आप अकेले काम नहीं करते हैं - एक टीम बनाते हैं, जो आपके साथ काम करती है और आप अपने साथ सफलता की राह पर उनका नेतृत्व करते हैं।

एक अच्छा लीडर बनने के 7 क़दम

1. सक्रियता से शामिल हों

आप अपनी कंपनी में किसी मित्र को स्पॉन्सर करते हैं और उस मित्र की मदद उसके मित्र को स्पॉन्सर करने में करते हैं, और यह सिलसिला बस चलता जाता है। अपनी टीम को सफल बनाने के लिए आप सिखाते हैं और पोषण देते हैं; आप एक आज़माया हुआ सिस्टम बताते हैं, जो उन्हें सफल बना देगा। इस तरह वे अपने प्रयासों का समरूप तैयार कर सकते हैं और बहुत तेज़ी व शक्ति से विकास कर सकते हैं। आप रोल मॉडल हैं और आपकी टीम आपका अनुसरण करेगी। नेटवर्किंग परिवार में आप सफलता की राह पर हर व्यक्ति को सिखाते और पोषण देते हैं। ज़ाहिर है, आपको एक बार में एक क़दम उठाना होता है और कई बार तो छोटे क़दम भी। कई बार आप गिर भी सकते हैं। लेकिन दोबारा उठ जाते हैं, अपनी ग़लतियों से सबक़ सीखते हैं और आगे बढ़ते रहते हैं। आप एक लीडर हैं; कभी हार नहीं मानते हैं! जल्द ही आपकी टीम कई गुणा हो जाएगी और आपका संगठन तेज़ी से और शक्तिशाली ढंग से विकास करेगा। दूसरों की मदद करने और खुद पैसे बनाने में आपको सचमुच मज़ा आने लगेगा।

मुझे नेटवर्क मार्केटिंग और पॉपकॉर्न की तुलना करना पसंद है। चाहे आप किसी बर्तन में पॉपकॉर्न बनाएँ या माइक्रोवेव बैग में, आपको पहले उनके नीचे थोड़ी गर्माहट रखनी होती है। नेटवर्क मार्केटिंग में गर्माहट तब आती है, जब लोगों में अपने काम को लेकर सपना और जोश होता है। एक बार जब बर्तन या बैग में गर्माहट शुरू हो जाती है, तो पॉपकॉर्न तड़कने लगते हैं। शुरुआत में थोड़े धीमे तड़कते हैं, लेकिन कुछ समय में दीवानों की तरह तड़कना शुरू कर देते हैं। बस तड़कते जाते हैं, तड़कते जाते हैं और पूरा बैग भर जाता है और पॉपकॉर्न बर्तन से बाहर छलकने लगते हैं। नेटवर्क मार्केटिंग भी ऐसी ही होती है। शुरुआत धीमी होती है। आप ढेर सारा पैसा नहीं बना रहे हैं और शायद ढेर सारे लोगों की मदद भी नहीं कर रहे हैं, लेकिन फिर अचानक यह उड़ान भर लेती है। और क्या ख़ूब उड़ती है! आपका जीवन छलक रहा होगा। बस इसमें लगे रहें। बहुत बार मैंने लोगों को ठीक तभी हार मानते देखा है, जब सफलता बस मिलने को ही थी। इसीलिए नेटवर्क मार्केटिंग बिज़नेस को समझना महत्त्वपूर्ण है। इसीलिए यह अनिवार्य है कि आपके पास सफलता दिलाने वाले आवश्यक औज़ार हों।

2. "लीडर का नज़रिया" रखें

अगर आप लीडर बनना चाहते हैं, तो आपके पास स्वप्न और एकाग्रता होनी चाहिए। नेटवर्क मार्केटिंग में सफल होने में लोगों की मदद करना आपकी सबसे पहली चिंता और ज़िम्मेदारी है। आपको खुद पर काम करने, विकास करने और बेहद प्रभावी तथा परवाह करने वाला इंसान बनने की दिशा में मेहनत करनी होगी। नेटवर्किंग दरअसल संबंधों पर आधारित बिज़नेस है; हम एक बार में एक-एक इंसान करके लोगों की ज़िंदगी बदलते हैं। बेहतरीन यह है कि आप अपना नेटवर्किंग बिज़नेस बनाते समय जो सीखते हैं, उसका इस्तेमाल जीवन के बाक़ी पहलुओं में भी कर सकते हैं।

3. व्यवस्थित हों

जब आप व्यवस्थित होते हैं, तो केवल खुद का ही नहीं, बल्कि दूसरों का भी नेतृत्व कर सकते हैं। अपनी कार, अपनी अलमारी, अपने ऑफ़िस, अपनी दराजों, अपनी डेस्क, अपने गैराज, अपने पर्स, अपने वॉलेट, अपने बच्चों, अपने घर और अपने आँगन को साफ़ रखें। जब आप व्यवस्थित होते हैं, तो खुद के और अपने माहौल के बारे में अच्छा महसूस करते हैं। जब आप अच्छा महसूस करते हैं, तो अच्छा महसूस करने तथा बेहतर जीवन पाने में दूसरों की मदद कर सकते हैं। याद रखें, लीडर के रूप में आप एक रोल मॉडल हैं। आप मिसाल बनकर नेतृत्व करते हैं। आप किसी को वह चीज़ नहीं सिखा सकते, जिसे खुद न जानते हों या खुद न कर सकते हों। आपको जानना होगा कि आप क्या कर रहे हैं।

4. लचीले बनें

स्थितियाँ हमेशा बदलती रहती हैं, है ना? नई चीज़ें सीखना अच्छा और मज़ेदार होता है। अगर आपका नज़रिया सकारात्मक है, तो लचीला होना बहुत आसान होता है। लीडर हमेशा जीवन के परिवर्तनों को ढालता रहता है। आपको भिन्न स्थितियों और परिस्थितियों से लगातार तालमेल बैठाना होता है। ज़ाहिर है, आप हमेशा लक्ष्य पर केंद्रित बने रहते हैं और अपने उद्देश्य तथा भविष्य के सपने के अनुरूप होते हैं। अपने लक्ष्यों को हासिल करने के कई तरीक़े होते हैं, बशर्ते आप लचीले हों। याद रखें, जीवन कोई मंज़िल नहीं, यात्रा है।

5. संवाद करें, संवाद करें, संवाद करें

सबसे अच्छे संवाद करने वाले लोग सबसे अच्छे श्रोता भी होते हैं। मैंने पाया है कि संवाद का अभाव जीवन के सभी क्षेत्रों में एक बड़ी समस्या है। आपकी टीम आपका परिवार है और लीडर के रूप में टीम के सदस्यों के निरंतर संपर्क में रहना बहुत महत्त्वपूर्ण है। लीडर के रूप में आप उन्हें मार्ग पर बनाए रखते हैं और आगे बढ़ते रहने के लिए प्रेरित करते हैं - एक बार में एक क़दम। वे जो जानना चाहते हैं, लीडर के रूप में आप वह जानकारी देकर उनकी मदद करते हैं। बहुत से लोगों को ज़रा भी पता नहीं होता कि उनका उद्‌देश्य क्या है; वे तो बस इधर से उधर भटक रहे हैं। यहीं पर संवाद अपनी भूमिका निभाता है। सवाल पूछना शुरू करें। सिखाना शुरू करें। बताना शुरू करें।

6. अपने समय का प्रभावी प्रबंधन करें

समय किसी के लिए नहीं रुकता। अगर आप अपने समय का सबसे अच्छा उपयोग करना चाहते हैं, तो नीचे दी गई सूची में कुछ योग्यताएँ हैं, जिन्हें आपको विकसित कर लेना चाहिए :

- प्राथमिकीकरण
- मल्टी-टास्किंग
- हमेशा समय पर या जल्दी पहुँचें
- काम सौंपें

जब आपका नेटवर्किंग परिवार फैलने लगता है, तो आपका समय अधिकाधिक मूल्यवान हो जाएगा। समय आपका सबसे महत्त्वपूर्ण और क़ीमती संसाधन है; इसका अच्छा उपयोग करें और हर मिनट को महत्त्वपूर्ण बनाएँ।

7. दूसरों को कर्म के लिए प्रेरित करें

अगर कोई व्यक्ति सचमुच कुछ चाहता है, जो उसके पास नहीं है, तो उसे बस एक योजना बनाने की ज़रूरत है। मिशन स्टेटमेंट लिखने में अपने वितरक की मदद करें। यह स्टेटमेंट जीवन में उसका उद्‌देश्य और लक्ष्य है। हमारा मिशन स्टेटमेंट यह है कि हम यथासंभव अधिकतम लोगों की मदद करें और नेटवर्क मार्केटिंग के माध्यम से जीवन की बेहतर गुणवत्ता हासिल करें।

यह आपका अवसर है : इसका लाभ लें!

नेटवर्क मार्केटिंग में शामिल होना संसार में जीवन जीने का सबसे रोमांचक और मज़ेदार तरीक़ा हो सकता है। यह हमारा संसार है और यह आपका भी संसार हो सकता है। दरवाज़ा खुला हुआ है। जहाँ भी हम यात्रा करते है, जहाँ भी हम जाते हैं, वहाँ हमारे पास एक टीम, एक परिवार होता है। हम चाहे कहीं भी चले जाएँ, हर जगह मित्र होना कितना बेहतरीन है! और सबसे अच्छी बात तो यह है कि यह आपके पास भी हो सकता है। नेटवर्किंग में लीडर होने के नाते आपको तो बस अपने वितरक को सफल होने का प्रशिक्षण देने की ही ज़रूरत है और यह इतना आसान है! यह सरल है, मज़ेदार है और कोई भी इसे कर सकता है। यह इतना आसान इसलिए है, क्योंकि यहाँ ऐसे औज़ार हैं, जो आपकी तरफ़ से प्रशिक्षण देने और सिखाने का सारा काम करते हैं। आपको तो बस उस सिस्टम को जानना होता है, जो हमने इस पुस्तक में आपको बताया है। सिस्टम से गुज़रें और फिर दूसरों को भी ऐसा ही करना सिखाएँ। वहाँ आपके लिए हर चीज़ मौजूद है। आप अपने जीवन के सभी पहलुओं में लीडर बन सकते हैं, बशर्ते आप दूसरे लोगों की पर्याप्त परवाह करें। आपकी ईमानदारी झलकेगी और लोग आपका अनुसरण करेंगे, क्योंकि नेटवर्क मार्केटिंग में आप अपने सपनों का जीवन जी सकते हैं। यही सही समय है।

नोट्स

नोट्स

अध्याय 18

औज़ारों (माध्यमों) को बातचीत करने दें

यह एक विशेष अध्याय है, जो डॉन फ़ैला द्वारा दिए जा रहे प्रशिक्षण पर आधारित है कि औज़ारों को अपने लिए काम कैसे करने दिया जाए। हमने इसे इस विशेष संस्करण में इसलिए शामिल किया है, क्योंकि हम महसूस करते हैं कि इससे आपको थोड़ी अतिरिक्त मदद मिल जाएगी। अपना बिज़नेस आज ही "शुरू" कर दें।

30 वर्ष से अधिक समय की यात्रा ने हमें दिखा दिया है कि किस प्रकार एक अनुकरणीय सिस्टम लोगों की ज़िंदगी में सचमुच फ़र्क़ ला सकता है।

अगर आप मानते हैं कि एक बिलकुल नया आदमी 10 मिनट या इससे कम समय में इतना सीख सकता है कि सचमुच स्पॉन्सर करना और बिज़नेस करना शुरू कर दे, तो सिस्टम अमूल्य बन जाता है। यह सिस्टम इतना सरल है कि संसार का कोई भी व्यक्ति नेटवर्क मार्केटिंग बिज़नेस बना सकता है, बशर्ते वह चाहे।

इसे मेरी पुस्तक "द सिस्टम" में बताया गया है, लेकिन हमने इस पुस्तक में यह अध्याय रखने का निर्णय इसलिए लिया, ताकि आपको वह "शुरुआत" मिल जाए, जिसका हमने ज़िक्र किया था।

हमने सीखा है कि सिर्फ़ 5 प्रतिशत लोग ही सेल्समैन-श्रेणी के होते हैं। यानी कि 95 प्रतिशत लोग ग़ैर-सेल्समैन श्रेणी में आते हैं। ग़ैर-सेल्समैन श्रेणी वाले लोग सोचते हैं कि बिक्री करने का मतलब किसी व्यक्ति से किसी ऐसी चीज़ के बारे में बात करना, जिसकी उसे सचमुच ज़रूरत नहीं है या जिसे वह नहीं चाहता है।

देखिए, नैन्सी और मैं ग़ैर-सेल्समैन श्रेणी वाले लोगों के साथ काम करके ही नेटवर्क मार्केटिंग में अमीर बने थे। इसके दो कारण हैं :

1. बात करने के लिए अधिक लोग रहते हैं।
2. कोई प्रतिस्पर्धा नहीं रहती।

दुर्भाग्य से, नेटवर्क मार्केटिंग के 90 प्रतिशत लोग सोचते हैं कि उन्हें सेल्समैन श्रेणी के लोगों की तलाश करनी चाहिए। सेल्समैन श्रेणी वाले लोग आम तौर पर अस्थिर, अधीर और अवसरवादी होते हैं। जैसे ही कोई दूसरा अधिक आकर्षक प्रस्ताव लेकर आता है, आप उन्हें गँवा देते हैं। यह एहसास करना महत्त्वपूर्ण है कि नेटवर्क मार्केटिंग में लोग सेल्समैन श्रेणी के लोगों की तलाश इसलिए कर रहे हैं, क्योंकि वे बिज़नेस को नहीं समझते हैं। ऐतिहासिक दृष्टि से, सेल्समैन श्रेणी के लोगों को इस बिज़नेस में कामयाब होने का सबसे कम अवसर होता है। यह विसंगतिपूर्ण है कि लोग अधिकतर समय अपने बिज़नेस में शामिल करने के लिए उस क़िस्म के व्यक्ति की तलाश करते रहते हैं, जिसके सफल होने की सबसे कम संभावना होती है।

दूसरी ओर, अगर आप सेल्समैन श्रेणी वाले व्यक्ति हैं, तो आप सही जगह पर हैं। सेल्समैन श्रेणी वाला व्यक्ति नेटवर्क मार्केटिंग में सचमुच बड़ी सफलता पा सकता है। बस इसकी एक ही शर्त है। शर्त यह है कि वे यह सीखने के लिए तैयार हों कि नेटवर्क मार्केटिंग दरअसल कैसे काम करती है। अधिकतर सेल्सपर्सन नेटवर्क मार्केटिंग को जानते या समझते नहीं हैं।

यह डुप्लीकेशन यानी अनुकरण के बिज़नेस के बारे में है।

सेल्स से जुड़े लोगों को जीवन भर "रिक्रूट" किया गया है। सेल्स मैनेजर उन्हें अपनी ख़ातिर बेचने के लिए "रिक्रूट" करता है। यदि आप अपने बिज़नेस में किसी सेल्समैन को "रिक्रूट" करते हैं, तो वह सोचता है कि वह बाहर निकल सकता है और लोगों को खोजकर अपनी ख़ातिर सामान बेच सकता है। अगर उसकी मानसिकता यही रही, तो वह इस बिज़नेस में कभी सफल नहीं हो पाएगा, क्योंकि हम लोगों को "रिक्रूट" नहीं करते हैं - हम तो उन्हें "स्पॉन्सर" करते हैं। फ़र्क़ पर ग़ौर करें - स्पॉन्सर करने का मतलब है कि हम उनकी ख़ातिर काम करने जाते हैं! विचार यह है कि आप किसी को स्पॉन्सर करते हैं, आप उनके मित्रों से मिलते हैं, आप उन्हें सिखाते हैं कि किसी को कैसे स्पॉन्सर करना है और फिर वे उन लोगों के लिए काम पर जाते हैं, जिन्हें

उन्होंने स्पॉन्सर किया है, जिस तरह कि आपने स्पॉन्सर करने की प्रक्रिया में उनकी ख़ातिर काम किया था।

सेल्समैन श्रेणी वाले लोगों को ग़ैर-सेल्समैन श्रेणी वाले लोगों के मुक़ाबले सबसे बड़ा लाभ यह होता है कि उनमें अजनबियों को फ़ोन करने और उनसे मिलने की क्षमता होती है। यही वह लाभ है, जो इस बिज़नेस में उनकी असफलता का कारण बन जाता है। उनके लिए लोगों से मिलना इतना आसान होता है कि वे साइन करने वालों की भीड़ लगा देते हैं... वे किसी एक व्यक्ति के साथ इतना गुणवत्तापूर्ण समय नहीं बिताते हैं कि उसे बिज़नेस बनाने में सचमुच शुरू करा सकें, यानी उन्हें स्पॉन्सर कर सकें।

हमने इस बिज़नेस में सेल्सपीपल को आकर फटाफट 100 लोगों को रिक्रूट करते देखा है। 6 महीने बाद वे इक्का-दुक्का जगहों पर 1 या 2 लेवल डीप ही रहते हैं। वे खुद को डुप्लीकेट नहीं कर पाते हैं और या तो नेटवर्क मार्केटिंग को छोड़ देते हैं या फिर किसी दूसरे अवसर को लपक लेते हैं।

आपका इस बिज़नेस में डुप्लीकेशन या अनुकरण हुआ है या नहीं, इसे जानने का तरीक़ा यह सवाल पूछना है कि आपने जिस व्यक्ति को स्पॉन्सर किया था, क्या वह 3 लेवल डीप हो चुका है। अगर आप अपना हाथ उठाएँ और मान लें कि आप एक अँगूठा हैं, तो पहली अँगुली उस व्यक्ति का प्रतिनिधित्व करती है, जिसे आपने स्पॉन्सर किया है। अगर आप उसके डाउनलाइन में बाक़ी 3 अँगुलियों में से प्रत्येक का नाम ले सकें, तो आप 3 लेवल डीप हैं। एक बार जब आप यह हासिल कर लेते हैं, तो खुद को उस व्यक्ति में डुप्लीकेट हुआ समझ सकते हैं, जिसे आपने सबसे पहले स्पॉन्सर किया था। अगर आप चित्रात्मक तरीक़े से इसे देखते हैं, तो आप दरअसल 4 लेवल डीप होंगे।

ग़ैर-सेल्समैन श्रेणी वाले लोगों के लिए अजनबियों को फ़ोन करना और उनसे मिलना मुश्किल होता है। इसके बजाय वे यह करते हैं कि वे किसी मित्र को स्पॉन्सर करते हैं और फिर उनके मित्रों के साथ उनकी मदद करते हैं और फिर वे उनके मित्रों के साथ उनकी मदद करते हैं। यह प्रक्रिया तुलनात्मक रूप से धीमी होती है, लेकिन यह गति पकड़ लेती है, क्योंकि मल्टीप्लीकेशन (गुणा) का खेल सफलतापूर्वक खेला जाता है। सेल्समैन श्रेणी वाले लोग हमेशा विभाजन और घटाव के खेल में ही लगे रहते हैं। हम तो इस बिज़नेस में गुणा या मल्टीप्लाई करना चाहते हैं। वास्तव में आप इस बिज़नेस को दो सरल वाक्यों में तोड़ सकते हैं : आप एक मित्र बनाते हैं और उसके मित्रों से मिलते

हैं। आप एक मित्र बनाते हैं और उसके मित्रों से मिलते हैं।

जैसा ज़िक्र किया जा चुका है, ग़ैर-सेल्समैन श्रेणी वाले लोगों के लिए सूत्रों को फ़ोन करना या उनसे मिलना बहुत परेशानी भरा होता है, लेकिन अगर आप हमारे सिखाए तरीक़े से बिज़नेस करते हैं, तो आपको कभी सूत्रों के बारे में चिंता करने की ज़रूरत ही नहीं होगी। जब आप किसी को स्पॉन्सर करते हैं, तो वह व्यक्ति दो-तीन लोगों को जानता होगा, जिन्हें आप नहीं जानते हैं और आपको उन्हें वह सब सिखाने की ज़रूरत है, जो आप पहले से जानते हैं। यह सीखें कि आप जिन लोगों को पहले से जानते हैं, उनसे बात कैसे की जाती है, औज़ारों का इस्तेमाल करें और अधिकतर बातचीत औज़ारों को ही करने दें। सही समय पर वे उनका परिचय आपसे करवा सकते हैं।

हमारे नेटवर्क मार्केटिंग वर्षों में हम हेल्थ उत्पाद से जुड़े रहे हैं; बहरहाल, हम कभी भी खुद के बारे में यह नहीं सोचते हैं कि हम हेल्थ उत्पाद बेचते हैं। इसका कारण यह है कि चाहे आपके उत्पाद कितने भी ज़बर्दस्त हों, लेकिन अगर आप सोचते हैं कि आप हेल्थ उत्पाद बेच रहे हैं, तो आप मुश्किल में हैं। सिर्फ़ 15 प्रतिशत जनसंख्या या तो बीमार है, चोटिल है या स्वास्थ्य की परवाह करती है। इनमें से केवल 8 प्रतिशत लोग ही सचमुच स्वास्थ्य की परवाह करते हैं। इसलिए, अगर आप सोचते हैं कि आप हेल्थ उत्पाद बेच रहे हैं, तो आप उस 8 प्रतिशत की ताक में हैं। बाज़ार में ढेर सारी नेटवर्क मार्केटिंग कंपनियाँ और हेल्थ फूड स्टोर हैं। इनकी संख्या को देखते हुए आपको इस बारे में सचमुच ज्ञानी होना पड़ेगा, ताकि आप जिस तरह की बिक्री चाहते हैं, वह आपको मिल जाए। हमें यह करने की ज़रूरत नहीं होती। हमें सारे उत्पाद के बारे में ज्ञान हासिल करने में समय लगाने की ज़रूरत नहीं होती, क्योंकि दरअसल हम हेल्थ उत्पाद नहीं बेच रहे हैं।

अब आप यह सवाल पूछ सकते हैं, "हम क्या कर रहे हैं और मुझे क्या करना चाहिए?"

अगर आप तेज़ी से बिज़नेस करना चाहते हैं, तो आपको उन लोगों की तलाश है, जो "कुछ" चाहते हैं। हम इसे "अपने जीवन का स्वामी बनना" कहते हैं। हमारे पास एक कपडों पर लगाने वाली पिन है... इस पर लिखा है "ओन यॉर लाइफ़," (यह www.45SecondTools.com पर उपलब्ध है), जिसका मतलब है अपनी मनचाही चीज़ करने के लिए धन और समय होना। अगर सिर्फ़ 15 प्रतिशत लोग या तो बीमार हैं, चोटिल हैं या स्वास्थ्य की परवाह करते हैं, तो

दूसरी ओर, हर जगह 95 प्रतिशत लोग एक बेहतर जीवन चाहते हैं। "वे कुछ चाहते हैं।" बाक़ी 5 प्रतिशत के पास यह पहले से है। उनके पास पहले से समय है, उनके पास पहले से पैसा है और वे अपनी मनचाही चीज़ कभी भी ख़रीद सकते हैं, जब वे चाहें।

कुछ वर्ष पहले हम कोपेनहेगन, डेनमार्क में थे। हम हेल्सिंगबोर्ग के किनारे तक कार से जा रहे थे और स्वीडन पहुँचने के लिए एक नाव में यात्रा करनी थी। इस यात्रा में सिर्फ़ 20 मिनट का समय लगता था और यह शुक्रवार का दिन था। किनारे पहुँचने पर हमें हज़ारों नाव दिखीं। जब हम नाव में बैठे, तो हमने देखा कि कोई नाव पानी पर नहीं चल रही थी। एक भी नाव वहाँ इसलिए नहीं दिखी थी, क्योंकि वे सभी मैरीन्स में थीं और वे सभी मैरीन्स में इसलिए थीं, क्योंकि सभी लोग अपनी-अपनी नौकरियाँ कर रहे थे।

सवाल : मैं मैरीन्स में जाकर लोगों को हेल्थ उत्पाद के बारे में क्यों बताऊँ, जबकि मैं यह जानता हूँ कि उनमें से सिर्फ़ 15 प्रतिशत बीमार हैं, चोटिल हैं या स्वास्थ्य की परवाह करते हैं? ये लोग दरअसल यह चाहते हैं कि सोमवार से शुक्रवार तक नाव की यात्रा का आनंद कैसे लें! हम मैरीन्स में लोगों से इस बारे में बात करने जाते हैं कि वे क्या चाहते हैं और फिर हम उन्हें दिखाते हैं कि सिस्टम का उपयोग करके वे अपनी मनचाही चीज़ को कैसे पा सकते हैं।

इसी तरह की सोच यह भी है... लोग स्की करना पसंद करते हैं। क्या आप वीकएंड्स पर स्की करना पसंद करेंगे या फिर सोमवार से शुक्रवार तक, जब भीड़ नहीं होती है? बेशक, सोमवार से शुक्रवार तक सबसे अच्छा समय रहता है!

हमारा दर्शन बहुत सरल है। हम किसी ऐसे व्यक्ति की तलाश करते हैं, जो कुछ चाहता है। इससे कोई फ़र्क़ नहीं पड़ता कि वह बेच सकता है या नहीं। वास्तव में, जैसा मैं पहले ही ज़िक्र कर चुका हूँ, अगर वह सेल्स लाइन से आया है, तो हमें थोड़ा अतिरिक्त प्रशिक्षण देना पड़ता है।

मुझे आगे वाला कथन कहने में कोई दिक्क़त नहीं है, क्योंकि मैं महसूस करता हूँ कि यह पूरी तरह सच है। "संसार के जो लोग नेटवर्क मार्केटिंग में नहीं हैं, वे 100 प्रतिशत लोग इसे समझते ही नहीं हैं!" जो लोग नेटवर्क मार्केटिंग में हैं, उनमें से भी 80-90 प्रतिशत लोग इसे नहीं समझते हैं। हम चाहते हैं कि लोग मेरी यह पुस्तक पढ़ लें। जब वे यह पुस्तक पढ़ लेंगे, तो नेटवर्क मार्केटिंग को समझ जाएँगे और जब वे इसे समझ लेते हैं, तो वे इसमें शामिल हो जाएँगे।

एक बार जब वे मेरी पुस्तक पढ़ लेते हैं, तो हम उन्हें ऐसे लोग कहते हैं, जो "वाहन चलाना जानते हैं।"

सिस्टम

सिस्टम में 3 आसान क़दम शामिल हैं। जो लोग कुछ समय से नेटवर्क मार्केटिंग में हैं, अगर आप उन लोगों से पूछते हैं कि किसी नए व्यक्ति को बाहर जाने और किसी को स्पॉन्सर करने से पहले कितने समय के प्रशिक्षण की ज़रूरत होती है, तो वे जवाब देंगे, "इसमें 1-2 घंटे या 1-2 दिन नहीं लगते हैं। इसमें तो दरअसल हफ़्तों और महीनों के प्रशिक्षण की ज़रूरत होती है!" अक्सर उनके नए रिक्रूट किए लोग कभी किसी को स्पॉन्सर नहीं कर पाते हैं और बिज़नेस से बाहर हो जाते हैं। उन्होंने किसी को स्पॉन्सर क्यों नहीं किया? इसका कारण बहुत आसान है। क्योंकि किसी ने उन्हें कोई ऐसी चीज़ सिखाई ही नहीं, जो **वे कर सकते हैं!**

हर व्यक्ति सोचता है कि उसका वाहन संसार का सबसे बेहतरीन वाहन है। देखिए, जब मैं वाहन के बारे में बात करता हूँ, तो आपकी कंपनी, आपके उत्पाद और आपके मार्केटिंग प्लान का ज़िक्र कर रहा हूँ।

किसी नेटवर्क मार्केटिंग प्रेज़ेंटेशन में आधे से दो घंटे तक का समय लोगों को वाहन, कंपनी, उत्पाद और मार्केटिंग प्लान के बारे में सब कुछ बताने पर लगाया जाता है। लोग बहुत रोमांचित हो जाते हैं और जब वे साइन अप करते हैं, तो सोचते हैं कि यह ख़ास वाहन लैम्बोर्गिनी जैसा है। आप सहमत होंगे कि लैम्बोर्गिनी एक बेहतरीन वाहन है! जब वे अगले दिन बाहर जाते हैं और अपने सबसे अच्छे नज़र आने वाले प्रॉस्पेक्टों के सामने बोलना शुरू करते हैं, तो उन्हें गोली मार दी जाती है और वे बार-बार जल जाते हैं। वे दुर्घटनाग्रस्त सिर्फ़ एक ही वजह से होते हैं : **वे जानते ही नहीं हैं कि वाहन कैसे चलाना है।**

जैसा ज़िक्र किया जा चुका है, जब आप नेटवर्क मार्केटिंग को समझते हैं, तो हम कहते हैं कि आप "जानते हैं कि वाहन को कैसे चलाना है।" देखिए, अगर आपके पास एक बिलकुल नई लैम्बोर्गिनी है, तो क्या आप उसे अपने सबसे अच्छे दोस्त को चलाने देंगे, अगर वह यही न जानता हो कि वाहन कैसे चलाना है? ज़ाहिर है, आप ऐसा नहीं करेंगे। ऐसा ही नेटवर्क मार्केटिंग के मामले में भी करें। हम किसी को भी अपना वाहन तब तक नहीं दिखाते हैं, जब तक कि वे यह न जानते हों कि वाहन कैसे चलाना है!

बहुत सारे लोग इस बारे में संकेत करने या जानने की प्रवृत्ति रखेंगे कि उत्पाद क्या है। मैं आपको आश्वस्त करता हूँ कि जिस पल आप अपनी कंपनी के किसी उत्पाद का ज़िक्र करते हैं, वे सोचने लगते हैं कि आप उन्हें कुछ बेचने की कोशिश कर रहे हैं या आप उनसे अपनी ख़ातिर बिकवाना चाहते हैं। इस बिंदु पर आप उन्हें खो देते हैं। हम नहीं चाहते कि आपको यह अनुभव हो। इसीलिए हम "ओन यॉर लाइफ़" पिन लगाते हैं, ताकि हम लोगों से सही चीज़ पर बातें कर सकें, जीवनशैली के बारे में और लोगों की इच्छाओं के बारे में। इस तरह हम लोगों को सही गियर में ले आते हैं।

इस पर एक और उपमा लागू होती है। नेटवर्क मार्केटिंग में बिज़नेस के बारे में बात शुरू किए बिना किसी उत्पाद को बेचने की कोशिश करना कार का हुड उठाने, पूरे इंजन को अलग करने और इसे दोबारा जोड़ने जैसा है। सिस्टम में इसका मतलब है कि हम वाहन की चाबी आपको थमा देते हैं, कार आपको चलाने देते हैं और आपको हाईवे पर पहुँचा देते हैं, जहाँ आप अपना बिज़नेस तुरंत शुरू कर देते हैं। ऐसा करते समय आप अपने सीडी प्लेयर से हर वह चीज़ सीख रहे हैं, जो आपको कंपनी, उत्पाद और मार्केटिंग प्लान के बारे में पता होनी चाहिए।

क्या आप फ़र्क़ देख सकते हैं? पहली नीति में आपको उत्पाद, कंपनी और मार्केटिंग प्लान के बारे में हर चीज़ जानने की ज़रूरत होती है, उसके बाद ही आप कुछ कर सकते हैं। हमारे सिस्टम में आपको कुछ भी जानने की ज़रूरत नहीं होती और आप तुरंत ही अपना बिज़नेस बनाना शुरू कर सकते हैं।

यह ध्यान रखें कि लोग दो कारणों से किसी कंपनी से बाहर जाते हैं।

1. वे पैसे नहीं कमा पा रहे हैं।
2. उनका उत्पाद के साथ कोई अनुभव नहीं है।

अगर आप लोगों को ऐसा तरीक़ा दिखा सकें कि वे अपने बिज़नेस के पहले या दूसरे दिन ही किसी को स्पॉन्सर कर सकें, जिससे उनके प्रयास के श्रेय के तौर पर उन्हें थोड़ी आमदनी हो जाए, तो वे रोमांचित हो जाएँगे। इससे ज़्यादा फ़र्क़ नहीं पड़ता कि आमदनी 5 डॉलर हुई या 20 डॉलर या 50 डॉलर। उन्हें एक चेक मिलने वाला है, इस वजह से वे थोड़े ज़्यादा समय तक रुकेंगे और इससे उन्हें उत्पाद का अनुभव लेने का समय मिल जाएगा।

यह बुनियादी दर्शन है। आप लोगों को वाहन दिखाएँ, इससे पहले आपको लोगों को यह सिखाने की ज़रूरत है कि "वाहन कैसे चलाना है।"

अंत में, सिस्टम इस तरह काम करता है।

आमने-सामने की नीति

यह परिचितों से संपर्क की नीति है। एक बार जब आप जान जाते हैं कि सिस्टम कैसे काम करता है, तो हम इस अध्याय के अंत में संक्षेप में बताएँगे कि आपको अजनबियों के साथ संपर्क में इससे कैसे काम लेना है।

आइए मान लेते हैं कि आप उन लोगों से बात कर रहे हैं, जो आपके मित्र हैं – जो लोग पहले ही आपको जानते हैं। मिसाल के तौर पर, मैं अपने मित्र टॉम को कई सालों से जानता हूँ। हम कॉफ़ी, नाश्ते या डिनर के लिए रेस्तराँ में इकट्ठे बैठे हैं। **महत्त्वपूर्ण बात :** आप यह प्रक्रिया तब शुरू करते हैं, जब आप रेस्तराँ छोड़कर जा रहे हों। अगर आप आते ही यह सिलसिला शुरू कर देंगे, तो आपको बहुत से सवालों के जवाब देने पड़ सकते हैं, जिनके जवाब हो सकता है कि आप न दे पाएँ।

बाहर निकलते समय आप टॉम से कहते हैं, "सुनो टॉम, आप मेरी मदद कर सकते हो। क्या आप किसी ऐसे व्यक्ति को जानते हैं, जिसे यात्रा करना और अवकाश पर जाना पसंद हो?"

मैंने कभी इस सवाल का जवाब **ना** में नहीं सुना है। ग़ौर करें, मैंने टॉम से यह नहीं पूछा कि क्या वह अवकाश पर जाना पसंद करेगा। मैंने पूछा है कि क्या वह किसी को जानता है, जो ऐसा करना पसंद करेगा। वह इस तरह की कोई बात कहेगा : "हाँ, मैं जानता हूँ या हर कोई करता है," आदि।

फिर मैं कहता हूँ, "टॉम, यह करने के लिए तीन चीज़ों की ज़रूरत होती है। इसमें समय की ज़रूरत होती है, इसमें पैसे की ज़रूरत होती है और इसमें आपको स्वास्थ्य की ज़रूरत होती है। अगर मैं आपको दिखा सकूँ कि **आप** ये तीनों कैसे हासिल कर सकते हैं, तो क्या आपकी रुचि होगी?"

ग़ौर करें, पहले मैंने पूछा था कि क्या वह किसी को जानता है, लेकिन अब मैं सीधे आमने-सामने की बात पर आ गया हूँ। "अगर मैं **आपको** दिखा सकूँ।" एक बार फिर, लोग इस पर ना नहीं कहेंगे। इस बिंदु पर मैं उसे अपना

लाइफ़स्टाइल कार्ड बिज़नेस कार्ड (जो www.45SecondTools.com पर उपलब्ध है) थमा देता हूँ और कार्ड के पीछे 45 सेकेंड प्रेज़ेंटेशन रहता है।

टेलीफ़ोन नीति

आइए मान लें कि मैं टॉम से फ़ोन पर बात कर रहा हूँ। इससे कोई फ़र्क़ नहीं पड़ता कि वह यूरोप में है या बग़ल वाली इमारत में। आप इस सिस्टम का इस्तेमाल किसी के साथ भी, कहीं भी कर सकते हैं।

जब आप फ़ोन रखने वाले हों, तो बस इतना कहें, "टॉम क्या आपने कभी सोचा है कि अगर आप अपने जीवन के स्वामी बन सकें, तो कैसा रहेगा?"

जब मैं यह कहता हूँ, तो उसके बाद आम तौर पर एक लंबी ख़ामोशी छा जाती है।

ख़ामोशी को तोड़ते हुए कहें :

"टॉम, मेरे हिसाब से अपने जीवन का स्वामी बनने से मेरा मतलब यह है। देखिए, सोने के समय, ऑफ़िस आने-जाने के समय, कामकाजी समय और रोज़मर्रा के कामों में लगने वाले समय को घटा दें, तो लोगों के पास दिन भर में एक-दो घंटे से ज़्यादा समय नहीं रहता है, जिसमें वे अपना मनचाहा काम कर सकें। अब सवाल यह है कि क्या उनके पास उसे करने के लिए पैसा होगा?

"हमने एक ऐसा तरीक़ा खोजा है, जिससे कोई व्यक्ति घर से ही बिज़नेस शुरू करके अपने जीवन का स्वामी बनना सीख सकता है। हमारा सिस्टम इतना सरल है कि इसे कोई भी कर सकता है। इसमें कोई चीज़ बेचने की ज़रूरत नहीं होती और सबसे अच्छी बात यह है कि इसमें ज़्यादा समय भी नहीं लगता।

"अगर आपकी रुचि हो, तो मैं आपको कुछ जानकारी दे दूँगा।"

यही "45 सेकेंड प्रेज़ेंटेशन" है। इसका यह नाम इसलिए रखा गया, क्योंकि इसे बोलने में सिर्फ़ 45 सेकेंड का समय लगता है। एमएलएम बिज़नेस से इंकार करने वाले लोगों का सबसे बड़ा बहाना होता है, "मेरे पास समय नहीं है।"

पिछली गर्मियों में हम मॉस्को से लगभग 600 मील दूर रूस के काज़ान में थे। हमने 6,000 वितरकों से बातचीत की। मैंने उनसे पूछा, "आपमें से कितनों ने

लोगों से सुना है कि उनके पास यह बिज़नेस करने का समय नहीं है?" हर आदमी ने अपने हाथ उठा दिए। उन्होंने दोनों हाथ उठा दिए थे! यही बिज़नेस से इंकार करने वाले लोगों का सबसे बड़ा बहाना होता है। हमारे सिस्टम में लोग यह बहाना नहीं बना सकते, क्योंकि हम उनका समय लेते ही नहीं हैं। कार्ड को पढ़ने में महज़ 30 सेकेंड का समय लगता है। "अगर आपकी रुचि हो, तो मैं आपको कुछ जानकारी दे दूँगा।"

मेरा "45 सेकेंड प्रेज़ेंटेशन" सुनने के बाद टॉम की रुचि जाग जाती है। इस बिंदु पर मैं टॉम को पढ़ने के लिए यह पुस्तक दे देता हूँ और उससे पहले 4 अध्याय पढ़ने को कहता हूँ। किसी से भी पूरी पुस्तक पढ़ने को न कहें। अगर आपने ऐसा किया, तो यह शेल्फ़ पर पहुँच जाएगी और वे इसे "सही समय पर" पढ़ने के बारे में सोचेंगे। इसलिए उनसे बस शुरू के 4 अध्याय पढ़ने को कहें। वे इसे देखेंगे, डायग्राम देखेंगे और उन्हें जल्दी ही यह एहसास हो जाएगा कि वे बहुत कम समय में ही इसे पढ़ सकते हैं। अगर वे कुछ चाहते हैं, तो पुस्तक को एक ही बैठक में पूरी पढ़ लेंगे। अगर वे पुस्तक पूरी पढ़ लेते हैं, तो आपको तीन बातें पता चलती हैं : (1) वे कुछ चाहते हैं; (2) आपके पास कोई ऐसा व्यक्ति है, जो अब नेटवर्क मार्केटिंग को समझता है; और (3) वे अब जान चुके हैं कि वाहन कैसे चलाना है!

इसी कारण हमारी नीति को ओन यॉर लाइफ़ प्लान कहा जाता है। हमारी पुस्तक की 55 लाख से अधिक प्रतियाँ बिक चुकी हैं। जिन लोगों ने इस पुस्तक को पहली बार पढ़ा है, उनमें से 70 प्रतिशत ने इसे ख़रीदा नहीं था। उन्हें तो किसी ने यह पुस्तक पढ़ने के लिए दी थी। जब वे इस पुस्तक को पढ़ते हैं, तो उन्हें एहसास होता है कि यह कितना बेहतरीन सिस्टम है, क्योंकि उन्हें बिज़नेस समझाने में आगे समय लगाने की ज़रूरत ही नहीं रह जाती है। इससे पहले हमें लोगों को बिज़नेस सिखाने में 3-4 घंटे लगते थे और बाद के विस्तृत प्रशिक्षण में तो और भी ज़्यादा समय लगता था। 10 साल तक यह करते-करते हम थक गए। फिर हम स्मार्ट हो गए और हमने एक टेप बना लिया। टेप से पुस्तक लिखी गई और अब हम बस उन्हें पुस्तक सौंप देते हैं।

इसलिए आपके पास दो विकल्प मौजूद हैं। आप पुस्तक में लिखी हर चीज़ सीख सकते हैं और किसी को 3-4 घंटे में वह सब सिखा सकते हैं, जो पुस्तक में लिखा है। या फिर आप उन्हें पुस्तक पढ़ने के लिए दे सकते हैं।

3 स्तरों के बारे में कुछ नोट्स :

स्तर 1 : अपने लाइफ़स्टाइल बिज़नेस कार्ड का इस्तेमाल करें। उन्हें कार्ड दे दें, ताकि वे पीछे छपे 45 सेकेंड प्रेज़ेंटेशन को पढ़ लें। अगर आप उनसे फ़ोन पर बात कर रहे हों, तो आप उन्हें यह पढ़कर सुना सकते हैं।

स्तर 2 : उन्हें पुस्तक/ई-बुक थमा दें। अगर आप फ़ोन पर हों, तो आप उन्हें पुस्तक मेल कर सकते हैं और अगर आप पुस्तक मेल करते हैं, तो मेरी सलाह है कि आप प्रायोरिटी मेल का इस्तेमाल करें, क्योंकि इससे मामला थोड़ा अधिक महत्त्वपूर्ण बन जाता है। अधिकतर लोग प्रायोरिटी मेल पाने के आदी नहीं होते।

हम स्तर 3 के लिए तैयार हैं।

स्तर 3 : आपका वाहन। आपकी कंपनी, उत्पाद और मार्केटिंग प्लान। मैं लोगों से यह कहता हूँ : "अपने शहर में मुझे कोई ऐसा कारोबार दिखा दें, जो 100 या 150 डॉलर से शुरू हुआ हो (जिस भी राशि से आपका बिज़नेस शुरू होता हो), जिसमें 100, 200 या 300 डॉलर का मासिक ओवरहेड हो।" हर कोई जानता है कि बिज़नेस में ओवरहेड क्या होते हैं। मैं कहता हूँ : "आप जानते हैं, हमारे बिज़नेस में शुरू करने की लागत बस इतनी ही होती है और इस मासिक ओवरहेड के साथ आपको कुछ बेहतरीन उत्पाद मिलेंगे, जो आपको बेहतर महसूस कराएँगे और आप उन्हें बहुत पसंद करने वाले हैं। यह रही मेरी वेबसाइट।" उन्हें अपनी कंपनी की वेबसाइट दे दें और उनसे उस पर जाने को कहें। एक बार जब वे इसकी जाँच कर लें, तो वे सवाल पूछने के लिए आपसे संपर्क कर सकते हैं।

महत्त्वपूर्ण : जब आप उन्हें अपनी वेबसाइट का पता दें, तो बताएँ कि आप उनके सवालों की व्यवस्था कर देंगे। उन्हें यह न बताएँ कि आप खुद उनके जवाब देंगे, क्योंकि हो सकता है कि आपने अपना बिज़नेस हाल ही में शुरू किया हो, इसलिए आप उनके जवाब न दे पाएँ। कहें कि आप उनकी व्यवस्था कर देंगे। इसका मतलब है कि अगर आपके पास उनके सवालों के जवाब नहीं हुए, तो आप फ़ोन पर अपने स्पॉन्सर से बात करेंगे या अपने स्पॉन्सर के स्पॉन्सर से बात करेंगे, ताकि वे उन सवालों का जवाब देने में आपकी मदद कर सकें।

बस इतनी सी बात है!

कौन-सी चीज़ काम नहीं करती है

यहाँ एक उदाहरण है : हम फ़्लोरिडा की फ़्लाइट पर थे। हम युनाइटेड की फ़्लाइट में यात्रा करते हैं और हमने कई मील की यात्रा की है, इसलिए हम फ़र्स्ट क्लास में अपग्रेड कर लेते हैं। हमारी सीट 1ए और 1बी है। नैन्सी 1बी पर बैठी है। वह उठकर रेस्टरूम तक जाती है और अपनी टाँगें सीधी करने के लिए थोड़ी देर के लिए रास्ते में खड़ी होती है। फ़्लाइट अटेन्डेंट और स्काई मार्शल जम्प सीट में बैठकर भोजन कर रहे हैं। फ़्लाइट अटेन्डेंट ऊपर देखकर नैन्सी से पूछती है, "क्या मैं आपके लिए कुछ ला सकती हूँ?" नैन्सी कहती है, "नहीं, सब ठीक है, मैं तो बस अपने पैर सीधे कर रही थी, लेकिन मुझे आपसे पूछना चाहिए... क्या मैं आपके लिए कुछ ला सकती हूँ?" वह अटैंडेंट कहती है, "हाँ... बहुत सारा पैसा!" (यह लोगों के दिमाग़ में पहली चीज़ होती है, जब भी आप उनसे यह सवाल पूछते हैं - और इससे वे हँसने लगते हैं, जिसके बाद एक सुखद चर्चा शुरू हो जाती है।)

नैन्सी कहती है, "देखिए, मैं ऐसा कर सकती हूँ!" इसके बाद वह अपनी सीट तक आती है और अपना कार्ड, अपना लाइफ़स्टाइल कार्ड लाकर उसे थमाकर कहती है, "जब आपके पास एक मिनट का समय हो, तो कार्ड के पीछे लिखा संदेश पढ़ें और घर पहुँचने पर मेरी वेबसाइट देख लें।" हम अपनी कंपनी की साइट के बजाय आईओनमाईलाइफ़ डॉट नेट की प्रॉस्पेक्टिंग वेबसाइट का इस्तेमाल करते हैं। ऐसी वेबसाइट आपके कोल्ड मार्केट या अजनबियों से संपर्क के लिए बहुत उपयोगी होती है।

इंटरनेट एक अद्‌भुत सिस्टम है; बहरहाल, अगर आप सोचते हैं कि आप अजनबियों को 50,000 मेल भेज सकते हैं, तो यह तरीक़ा कारगर नहीं होता। वे आपके अवसर के लिए झुंड में साइन अप करने नहीं आएँगे और उसके बाद हमेशा खुशी-खुशी नहीं जिएँगे। यह कारगर इसलिए नहीं होता, क्योंकि किसी ने भी संबंध नहीं बनाया है। जो भी इंटरनेट पर इस तरह से साइन अप करता है, वह आम तौर पर कुछ नहीं ख़रीदता है और ज़्यादा लंबे समय तक रुकता भी नहीं है।

हम आपको प्रोत्साहित करते हैं कि आप सिस्टम को जकड़ लें और इस अद्‌भुत उद्योग में एक दमदार बिज़नेस खड़ा करें। हम आपसे अपने किसी भावी "अपारंपरिक समारोह" में मिलने की उम्मीद करते हैं।

नोट्स

नोट्स

परिशिष्ट 1

ओन यॉर लाइफ़ पिन और अन्य 45 सेकेंड माध्यमों का इस्तेमाल कैसे करें

नैन्सी और मैं जहाँ भी जाते हैं, हर जगह अपनी ओन यॉर लाइफ़ पिन लगाकर जाते हैं। जब लोग हमसे पिन के बारे में पूछते हैं, तो हम कहते हैं कि "ओनिंग यॉर लाइफ़" का मतलब है जो आप करना चाहते हैं, जब आप करना चाहते हैं, वह करने के लिए पैसा और समय होना। इससे हमें बातचीत शुरू करने और उस आदमी से यह सवाल पूछने की अनुमति भी मिल जाती है - "क्या आप किसी को जानते हैं, जो यात्रा करना और अवकाश मनाना पसंद करता हो?" अब मैं सिस्टम में सही जगह पर क़दम रख रहा हूँ। पिन हमें सबसे पहले जीवनशैली के बारे में अपने प्रॉस्पेक्ट से बात शुरू करने का अवसर देती है। अगर हम अपनी कंपनी के नाम वाली पिन पहनते, तो वो पूछते कि यह क्या है और हमें सबसे पहले तीसरे क़दम से शुरू करना पड़ता : हमारी कंपनी और उत्पाद के बारे में बातचीत। जैसे ही आप उनके सामने किसी उत्पाद का ज़िक्र करते हैं, वे सोचने लगते हैं कि आप उन्हें कोई चीज़ बेचने की कोशिश कर रहे हैं।

आपको अपने संगठन के हर व्यक्ति से पिन लगाने को कहना चाहिए। इससे आपके पूरे संगठन को लाभ होगा। मैं आपको इसका एक उदाहरण देता हूँ। नैन्सी और मैं बहुत-सी समुद्री यात्राओं पर जाते हैं। अगर हम अकेले ही समुद्री यात्रा पर हों और बाक़ी 3,000 यात्री हों, तो सप्ताह में कुछ ही लोग हमसे पिन के बारे में पूछेंगे। लेकिन जब हम एक "अपारंपरिक" समुद्री सैर पर होते हैं और हमारे साथ तीस-चालीस लोग होते हैं और उन सभी ने पिन लगाई होती है, तो 50-60 लोग हर किसी से यह सवाल पूछते हैं। जब 40 लोग पिन लगाकर इधर से उधर जा रहे हों, तो बाक़ी 3,000 यात्रियों को पिन हर जगह

नज़र आने लगती है। पिन के बारे में उनकी उत्सुकता इतनी ज़्यादा बढ़ जाती है कि वे इसका मतलब जानने के लिए लालायित हो उठते हैं।

अभी-अभी मैंने समुद्री यात्रा में पिन लगाने के बारे में जो बताया है, वह आपके इलाक़े में भी काम करेगा। यदि आप अकेले ही इसे लगाते हैं, तो समय-समय पर लोग इस बारे में आपसे पूछेंगे। यदि आपके समूह का हर व्यक्ति इसे हर समय लगाकर रखता है, तो इससे आपके इलाक़े के लोगों की जिज्ञासा बढ़ जाएगी और आपके पूरे संगठन को लाभ होगा।

लोग हमसे पूछते हैं कि पिन किस धातु की है। हम कहते हैं कि यह ठोस सोने की है। फिर हम उन्हें बताते हैं कि हम तो बस मज़ाक कर रहे हैं, लेकिन पिन ठोस सोने से भी अधिक मूल्यवान है। अगर एक व्यक्ति इसके बारे में आपसे पूछता है और आप उसके साथ सही बातचीत कर लेते हैं तथा वह आपके बिज़नेस में आ जाता है, तो यह ठोस सोने से कहीं अधिक मूल्यवान हो सकती है।

पूरे संसार में लोग इस पिन को लगा रहे हैं। यह जापान और जर्मनी में बहुत लोकप्रिय है, हालाँकि पिन अँग्रेज़ी में है। जब जापान में कोई व्यक्ति अँग्रेज़ी भाषा की पिन लगाता है, तो इससे लोगों की उत्सुकता बढ़ जाती है। डेनमार्क में लोग उल्टी पिन लगाते हैं। नैन्सी ने उनसे पूछा था, "आप लोग पिन को उल्टा क्यों लगाते हैं?" जवाब यह है कि जब लोग इसे उल्टी लगी देखते हैं, तो वे इसे सीधा करना चाहते हैं और फिर वे इसके बारे में पूछते हैं। यह सिस्टम का अपारंपरिक तरीक़ा है।

जब नैन्सी शॉपिंग कर रही होती है या किराना स्टोर में होती है और वह ग़ौर करती है कि कोई महिला पिन को देख रही है, लेकिन इतनी संकोची है कि इस बारे में नहीं पूछ रही है, तो वह उससे कह देती है, "मैं शर्त लगाती हूँ, आप इसका मतलब जानना चाहती होंगी।" फिर वह उसे अपना कार्ड थमा देती है, जिस पर 45 सेकेंड प्रेज़ेंटेशन लिखा होता है। यह नए संपर्क और मित्र बनाने का बेहतरीन तरीक़ा है। याद रखें, आप जिस भी व्यक्ति से मिलते हैं, उसके साथ आपको सबसे पहली चीज़ यह करनी है कि उसके साथ जुड़ाव बनाना है। आपको एक मित्र बनाने की ज़रूरत है। इसके लिए पिन बेहतरीन तरीक़े से दरवाज़ा खोल देती है।

सही औज़ार होने पर यह बिज़नेस काफ़ी मज़ेदार हो सकता है और बहुत तेज़ी से बढ़ सकता है।

एमएलएम के बारे में सामान्य चर्चा में उतरने की समीक्षा के लिए अध्याय सात को देखें और मिलने का समय तय कर लें, ताकि आप जिस प्रोग्राम में हैं, उसकी पूरी कहानी समझा सकें।

कभी भी नुक्कड़ पर या जब आपके प्रॉस्पेक्ट के नौकरी करने का समय हो, तब अपना पूरा मार्केटिंग प्लान समझाने की कोशिश **न करें।**

वितरक पूछते हैं, "किस बिंदु पर मैं नए व्यक्ति को नैपकिन प्रेज़ेंटेशन दिखाऊँ?" जवाब आसान है, "मैं कभी नहीं दिखाता।" मैं उसे एक पुस्तक और सीडी देता हूँ तथा निकट भविष्य में एक समय तय कर लेता हूँ, जब उससे संपर्क कर सकूँ और सामग्री पर बातचीत कर सकूँ। एक बार जब वे सीडी सुन लेते हैं और पुस्तक पढ़ लेते हैं, तो बातचीत के लिए ज़्यादा कुछ बचता ही नहीं है। अब उन्हें स्पॉन्सर करने का समय है और किसी दूसरे को स्पॉन्सर करने में उनकी मदद करने का भी।

अपने प्रॉस्पेक्ट को द 45 सेकेंड प्रेज़ेंटेशन पुस्तक और सीडी देने से यह फ़ायदा होता है कि वे सामग्री को दो बार समझ लेते हैं। दूसरी बार समझने पर वे इससे अधिक ग्रहण कर पाएँगे। अगर आप उन्हें सिर्फ़ पुस्तक देते हैं, तो इस बात की कम संभावना है कि वे उसे दोबारा पढ़ेंगे। अगर आप उन्हें सिर्फ़ सीडी देते हैं, तो वे उसे दोबारा शायद ही सुनेंगे। इसके अलावा यह भी सोचें कि आपको पता नहीं है कि वह व्यक्ति सुनने से अधिक ग्रहण करता है या पढ़ने से। अगर वह दोनों माध्यमों से ग्रहण करता है, तो यह लगभग तय है कि इसमें दी गई जानकारी से उसे विश्वास हो जाएगा कि मल्टी-लेवल मार्केटिंग ऐसी चीज़ है, जिसे वह सफलतापूर्वक कर सकता है।

मैं सुझाव देता हूँ कि आप द 45 सेकेंड प्रेज़ेंटेशन पुस्तक और सीडी के दस सेट ख़रीदें, ताकि अपने डाउनलाइन को आपूर्ति कर सकें। आप जितनी जल्दी इन औज़ारों को अपनी ख़ातिर काम पर लगा देते हैं, उतनी ही जल्दी ये औज़ार आपके लिए काम करने लगेंगे और उतनी ही जल्दी आपके संगठन का विकास होगा। एक बार फिर, अपने लोगों को सफलता के क़दम **सिखाएँ।** ये पुस्तकें और सीडी उन्हें बुनियादी बातें सिखा देंगी। फिर आप सफलता के अपने व्यक्तिगत अनुभव बताकर आगे की बातें सिखा सकते हैं।

हो सकता है कि आपके पास उद्योग का सबसे ज़बर्दस्त "वाहन" हो, लेकिन जब तक आपके वितरक या प्रतिनिधियों को यह पता नहीं होगा कि उसे

"चलाना" कैसे है, तब तक वे कहीं नहीं पहुँच पाएँगे।

जब आप अपने वितरक या प्रतिनिधियों को इस पुस्तक के प्रेज़ेंटेशन सिखाते हैं, तो आप उन्हें दरअसल यह सिखा रहे हैं कि वाहन को कैसे "चलाना" है। "चलाना" सिखाए बिना अपने "वाहन" पर किसी व्यक्ति को बैठाना समय की बर्बादी है - आपके भी और उनके भी!

45 सेकेंड प्रेज़ेंटेशन, जो आपका जीवन बदल देगा का इस्तेमाल अपने नए वितरक को बाँटने के लिए करें। जब वे अधिक सीखने के लिए तैयार हों, तो वे द 45 सेकेंड टूलबॉक्स ख़रीद सकते हैं, जिसमें डॉन फ़ैला के सारे प्रशिक्षण औज़ार शामिल हैं।

– ***डॉन फ़ैला***

परिशिष्ट 2

सफल एमएलएम बिज़नेस कैसे बनाएँ... रोचक और तेज़ तरीक़े से!

यहाँ पर 5 आसान स्तर हैं

1. किसी मित्र से उसके जीवन का स्वामी बनने के बारे में बात करें। उसे अपना लाइफ़स्टाइल कार्ड दें और उसे अपनी आईओनमाईलाइफ़ डॉट नेट वेबसाइट पर जाने को कहें। इस स्तर में सिर्फ़ 5 मिनट का समय लगता है।

2. एमएलएम को समझने में उसकी मदद करें। अपने मित्र को डॉन फ़ैला की *45 सेकंड में प्रेज़ेंटेशन कैसे दें* पुस्तक तथा इसके साथ आने वाली सीडी दें। इस स्तर में 1 मिनट का समय लगता है।

3. दूसरों से वादा लें। अपने मित्र से पूछें, "क्या आप 6 महीनों तक सप्ताह में 5 से 10 घंटे का समय स्कूल में जाने देने के इच्छुक हैं, ताकि आप अपने जीवन के स्वामी बनने का तरीक़ा सीख सकें?" (30 सेकेंड!)

   अगर वे हाँ में जवाब देते हैं – तो स्तर 4 पर जाएँ

   अगर वे ना में जवाब देते हैं – तो अपने उत्पाद या सेवा बताएँ और एक मित्र-ग्राहक तथा रेफ़रल हासिल करें। इस स्तर में 2 मिनट का समय लगता है।

4. अपना वाहन बताएँ (कंपनी, उत्पाद, मार्केटिंग प्लान)। वाहन पर शुरुआती प्रेज़ेंटेशन में अधिकतम 15 मिनट का समय लगना चाहिए। नए वितरक से साइन कराएँ।

5. अपने नए वितरक को उनके मित्रों के साथ ऊपर बताए स्तर दोहराने को कहें।

स्मार्ट तरीक़े से काम कैसे करें

किसी सफल संगठन को बनाने के 3 तत्व होते हैं :

1. वाहन (कंपनी, उत्पाद, मार्केटिंग प्लान)

2. गैस (प्रेरक पुस्तकें, सीडी, वक्ता, स्पॉन्सर, प्रतिस्पर्धाएँ, रैलियाँ आदि)

3. वाहन कैसे चलाना है (एमएलएम को समझना)

   - एमएलएम प्रशिक्षण के औज़ारों को अपनी ख़ातिर काम करने दें और अपना समय बचाएँ,

   - अगर आपका प्रॉस्पेक्ट बहुत सारे सवाल पूछने लगे, तो उसे बता दें कि हर सप्ताह 5 से 10 घंटे उसे इसीलिए देने हैं, ताकि उसे जवाब मिल जाएँ। शुरू करने के लिए आपके प्रॉस्पेक्ट को हर चीज़ जानने की ज़रूरत नहीं है।

डॉन और नैन्सी फ़ैला का सिद्धांत

यह पता लगाने के लिए 15 मिनट का समय निकालें कि क्या कोई व्यक्ति वाहन चलाना सीखने में समय लगाना चाहता है, ताकि उसे बताने में लगने वाला आपका 1 से 4 घंटे का समय बर्बाद न हो।

परिशिष्ट 3

कुछ मोती : डॉन और नैन्सी फ़ैला के प्रमुख विचार और रोचक वाक्यांश

आगे हमारे कुछ प्रिय वाक्य हैं (कुछ मज़ेदार हैं, जबकि अधिकतर में ज्ञान छिपा है), साथ ही कुछ प्रमुख विचार हैं, जिन्हें हमने अपने सफल बिज़नेस में शामिल किया है। यहाँ एक सुझाव है। कुछ मित्रों को सिज़ल सेशन में इकट्ठा करें और इन वाक्यों को पढ़कर इन पर बातचीत करें। इससे आपके दिमाग़ में भी बहुत से मज़ेदार विचार अपने आप प्रेरित हो सकते हैं।

डॉन के प्रिय वाक्य

- अगर आप अपने सपने सच करना चाहते हैं, तो जाग जाएँ।
- एक मित्र बनाएँ, उनके मित्रों से मिलें।
- अपने लोगों को सिखाएँ कि यह कैसे करना है और फिर उसे कर दें।
- जो भी सोचता है कि नेटवर्किंग का मतलब बेचना है, वह इस बिज़नेस में कभी बड़ी सफलता हासिल नहीं कर पाएगा, बहुत कम अपवादों को छोड़कर।
- कंप्यूटर आपके बिज़नेस को बनाने में बहुत सहायता कर सकता है, इसलिए कम से कम ईमेल करना सीख लें।
- ग़ैर-सेल्समैन श्रेणी के लोग सोचते हैं कि बिक्री करने का मतलब किसी व्यक्ति से किसी ऐसी चीज़ के बारे में बात करना है, जिसकी उन्हें ज़रूरत नहीं है या जिसे वे नहीं चाहते हैं।
- यह रिक्रूट करने और बेचने का बिज़नेस नहीं है। यह तो स्पॉन्सर करने और सिखाने का बिज़नेस है।

- नेटवर्क मार्केटिंग उपभोक्ताओं का परिवार बनाना है।
- आप अपनी ख़ातिर बेचने के लिए लोगों को रिक्रूट नहीं करते हैं। आप तो उन्हें स्पॉन्सर करते हैं, ताकि उनकी ख़ातिर काम करने जा सकें।
- आप अपने आपको तब तक डुप्लीकेट नहीं कर रहे हैं, जब तक कि आपके द्वारा स्पॉन्सर किया गया व्यक्ति थ्री डीप न हो जाए।
- सिस्टम का रहस्य खुद बात करना नहीं है; औज़ारों को बात करने देना है।
- आप जितना अधिक बोलते हैं, आपका प्रॉस्पेक्ट उतना ही ज़्यादा सोचता है कि उसके पास समय नहीं है; फिर वह सोचने लगता है कि वह वो नहीं कर सकता, जो आप कर रहे हैं।
- सेल्समैन इस बिज़नेस में बड़े सफल हो सकते हैं, बशर्ते वे इसे को सीखने के इच्छुक हों।
- बिज़नेस न करने के लिए लोग जो सबसे बड़ा बहाना बनाते हैं, वह है समय न होना।
- कोई भी व्यक्ति अजनबी से मिल सकता है, बशर्ते किसी अजनबी का उनसे परिचय करा दे।
- छुपकर सुनने वालों की ताक में रहें।
- अगर आप अपने नेटवर्किंग बिज़नेस के बारे में अपने मित्रों से बात नहीं कर सकते, तो या तो आपको इस पर यक़ीन नहीं है या आप इसे समझते नहीं हैं।
- जब कोई इस बिज़नेस को समझ लेता है, तो हम कहते हैं कि वह वाहन चलाने का तरीक़ा जानता है।
- अगर आप पिरामिड देखना चाहते हैं, तो मिस्र जाएँ।
- दो लेवल्स से ज़्यादा नीचे डुप्लीकेट करने के लिए आपको एक सरल सिस्टम की ज़रूरत होती है।
- आप अपने मित्र को हमारा सिस्टम दस मिनट से कम समय में सिखा सकते हैं।
- अपनी शब्दावली से 'बेचना' शब्द हटा दें।
- पाँच प्रतिशत लोग अच्छे बेचने वाले होते हैं; 95 प्रतिशत ग़ैर-सेल्समैन श्रेणी के होते हैं। ग़ैर-सेल्समैन श्रेणी के लोगों के साथ बिज़नेस बनाना सीखें। वहाँ कोई प्रतिस्पर्धा नहीं हैं और बात करने के लिए उनकी संख्या भी कहीं अधिक है।

- प्रॉस्पेक्टों को अपना वाहन दिखाने से पहले यह सिखाएँ कि वाहन कैसे चलाना है।
- क्या आप अपनी ब्रांड न्यू स्पोर्ट्स कार अपने सबसे अच्छे मित्र को चलाने देंगे, अगर वह यही न जानता हो कि वाहन कैसे चलाना है?
- आप शुरुआत में लगभग शून्य की ख़ातिर कड़ी मेहनत कर सकते हैं और भविष्य में शायद बिना मेहनत किए ही दौलत बना सकते हैं।
- एक नया मित्र बनाने से फ़र्क़ पड़ सकता है।
- आप जितना अधिक जानते हैं, आप उतने ही धीमे विकास करते हैं।
- केवल उन्हीं लोगों से सलाह लें, जो वर्तमान में बिज़नेस बना रहे हैं।
- सौ नामों की सूची सेल्स टॉक है, नेटवर्क मार्केटिंग नहीं है।
- छोटी सूची में कोई दिक्क़त नहीं है।
- आपके पास जो लोग हों, उन्हें सिखाएँ कि वे जिन लोगों को पहले से जानते हैं, उनसे कैसे बात करें।
- अगर आप बिज़नेस को सही तरीक़े से कर रहे हैं, तो आपको कभी अजनबियों की तलाश नहीं करनी होती।
- आपके हीरों की खदान वे लोग हैं, जिन्हें आप पहले से ही जानते हैं।
- सिज़ल सेशन विचारों के आदान-प्रदान के लिए मिलने के बारे में है।
- जब आप कहीं नौकरी करते हैं, तो आप किसी दूसरे के सपनों तक पहुँचने में उसकी मदद कर रहे हैं।
- किसी ऐसे व्यक्ति को खोजें, जो कुछ चाहता है और फिर उसे दिखा दें कि हमारा सिस्टम उसे हासिल करने में उसकी मदद कैसे कर सकता है।
- जब आप अपने प्रॉस्पेक्ट से बहुत ज़्यादा बात करते हैं, तो दो चीज़ें होती हैं। वे सोचते हैं कि उनके पास समय नहीं है और वे सोचते हैं कि वे वह नहीं कर सकते, जो आप कर रहे हैं।
- ओन यॉर लाइफ़ मुहिम पूरे संसार में फैल चुकी है।
- ओन यॉर लाइफ़ पिन ठोस सोने की नहीं बनी है; हालाँकि, इसका मूल्य उससे भी अधिक है।
- नक़्शे के बिना आप भटक सकते हैं।
- असल मर्द दिशाएँ नहीं पूछते।
- सेल्सपीपुल को बात न करना सिखाना मुश्किल है।
- यह बिज़नेस जोड़ने-घटाने के बजाय गुणा करने के बारे में है।

- आप क्या चाहते हैं?
- अगर आप किसी ग़ैर-सेल्समैन को पहले अपने उत्पाद या सेवा बेचते हैं, तो वे हमेशा सोचेंगे कि यह बेचने वाला बिज़नेस है।
- नेटवर्क मार्केटिंग और बिक्री तेल और पानी की तरह घुल-मिल जाते हैं। यानी वे ज़रा भी नहीं घुलते-मिलते हैं।
- नेटवर्क मार्केटिंग कंपनियाँ हैं और डायरेक्ट सेल्स कंपनियाँ हैं और वे अलग-अलग हैं।
- औज़ारों को अपनी ख़ातिर काम करने दें।
- आपका स्पॉन्सर ही आपका सबसे अच्छा औज़ार है।

नैन्सी के प्रिय कथन

- जीविका के लिए कड़ी मेहनत मत करो, जीवनशैली के लिए स्मार्ट तरीक़े से काम करो।
- पैसा सब कुछ नहीं है, लेकिन यह निश्चित रूप से आपको बच्चों और नाती-पोतों के संपर्क में बनाए रखता है।
- आप आज जो करते हैं, उसी से आपका भविष्य तय होगा।
- महिलाओं का समय यही है।
- हर इंसान नेटवर्क मार्केटिंग में क्यों नहीं है?
- जब अलार्म बजता है, तो उछलकर उठने से बेहतर है करवट बदलकर सोने में समर्थ होना।
- आप अपने बच्चों को बड़ा होते देखने के लिए घर पर रह सकते हैं।
- यह मज़े लेने, ख़ुश रहने और स्वस्थ जीवनशैली हासिल करने के बारे में है।
- समय हमेशा बदलता रहता है और नई चीज़ें सीखना अच्छी बात है।
- आपके सपने सच हो सकते हैं, बशर्ते आप नेटवर्क मार्केटिंग का स्वप्न देखते हों।
- आप कभी नहीं जानते कि आप अपने अगले सर्वश्रेष्ठ मित्र से कब मिलने वाले हैं या आपके दिमाग़ में अगला सर्वश्रेष्ठ विचार कब आने वाला है।
- आप या तो अपने जीवन के स्वामी बनना चाहते हैं या फिर नहीं बनना चाहते, चुनाव आपका है।

- नेटवर्क मार्केटिंग आमदनी देने वाला सामाजिक जीवन है।
- हर दिन कोई मज़ेदार चीज़ करें।
- जीवनशैली एक ऐसी चीज़ है, जो हर कोई पाना चाहता है और आप इसे पा सकते हैं!
- मैं आज तक किसी ऐसे पुरुष से नहीं मिली, जो किसी महिला के साथ काम करना पसंद न करता हो, ख़ास तौर पर अगर वह उसके लिए पैसे कमा रही हो।
- जीवन में आपकी यात्रा उन विकल्पों के बारे में है, जो आपने चुने हैं।
- जीवन एक पुस्तक की तरह है; अगर आप यात्रा नहीं करते हैं, तो आप सिर्फ़ एक ही पन्ना पढ़ते हैं।
- अपने अवकाश/छुट्टियों को दोबारा मनाना शुरू करें।
- एक अच्छा नज़रिया बहुत बड़ा फ़र्क़ डाल सकता है।
- आप नेटवर्क मार्केटिंग में सफल हो सकते हैं, बशर्ते औज़ारों का इस्तेमाल करें और कभी हार न मानें।
- अगर समय और पैसों की समस्या न हो, तो आपका जीवन कैसा दिखेगा?
- नेटवर्क मार्केटिंग वह सबसे बड़ा उपहार है, जो आप किसी मित्र को दे सकते हैं।
- आप दूसरी नौकरी किए बिना दूसरी आमदनी पा सकते हैं।
- समय हमारा सबसे क़ीमती और सबसे सीमित संसाधन है।
- अगर आप किसी चीज़ को सचमुच चाहते हैं, तो उसे नेटवर्क मार्केटिंग के ज़रिये हासिल कर सकते हैं।
- कुछ लोग अपने दिमाग़ में यात्रा करते हैं, कुछ अपने दिल में यात्रा करते हैं और कुछ लोग सचमुच कहीं जाते हैं।
- महिलाएँ सर्वश्रेष्ठ होती हैं, क्योंकि सिखाना उनके स्वभाव में होता है।
- आप कभी इतने बूढ़े नहीं होते कि शुरुआत न कर पाएँ।
- अनुभव आपका सर्वश्रेष्ठ शिक्षक है।
- अनुभव का कोई विकल्प नहीं है।
- आपके जीवन की खुशी क्या है?
- स्मार्ट तरीक़े से सोचो, स्मार्ट तरीक़े से बिज़नेस बनाओ, स्मार्ट बनो।
- खुश और सकारात्मक रहने का विकल्प चुनें।

- स्वतंत्रता के मज़े लें।
- स्वतंत्रता के संसार में आपका स्वागत है।
- जीविका के लिए मेहनत क्यों करना, जबकि आप जीवनशैली के लिए काम कर सकते हैं और सचमुच फ़र्क़ डाल सकते हैं।
- तनाव नंबर वन हत्यारा है।
- हम लोगों से संबंधित बिज़नेस में हैं; हम एक बार में एक-एक व्यक्ति करके लोगों का जीवन बदलते हैं।
- इसे सरल बनाओ, इसे मज़ेदार बनाओ और लोग आपसे जुड़ना चाहेंगे।
- खुद को बहुत गंभीरता से न लें। हल्के रहें और मज़े लें।
- आप जितने अधिक मज़े लेते हैं, उतने ही ज़्यादा सफल होंगे।
- नेटवर्किंग में आपको हर घंटे ज़्यादा मज़ा मिलता है।
- मज़े लेना आपका फ़ुल टाइम बिज़नेस है।
- ऐसे बहुत सारे अकेले लोग हैं, जिन्हें किसी नेटवर्क मार्केटिंग कंपनी में शामिल होना चाहिए।
- अच्छे श्रोता बनें।
- अंधेरी सुरंग के सिरे पर रोशनी होती है।
- सवाल पूछना सीखें।
- आप इस संसार से ज़िंदा बाहर नहीं निकलने वाले हैं, इसलिए क्यों न इसके मज़े लेकर देख लें?
- जीवन एक है, इसे जी लें।
- जीवन एक है, इसके स्वामी बनें।
- लगभग हर कोई यात्रा करना पसंद करता है।
- समुद्री सैर आत्मा के लिए अच्छी होती है।
- शॉपिंग एक अच्छी चीज़ है।
- सीमित बजट में जीना बुरी बात है।

डॉन और नैन्सी के प्रिय कथन

- क्या आप बीमार और थके रहने के कारण उकता चुके हैं?
- हम अवकाश पर नहीं हैं; हम तो हमेशा इसी तरह जीते हैं।

- घर के अवरोध को तोड़ने का मतलब है, आप जहाँ भी हैं, वहाँ घर जैसा महसूस करना।
- हमने अठारह महीनों में पैंसठ चार्ट हाउस रेस्तराँओं में भोजन किया और मुफ़्त में पूरे संसार का चक्कर लगाने के दो टिकट पाए।
- हम जीवनशैली प्रशिक्षक हैं और लोगों को सिखाते हैं कि बेहतर जीवन कैसे पाया जाए।
- समय, धन और स्वास्थ्य के बिना आपके पास ज़्यादा जीवन नहीं है।
- 45 सेकेंड प्रेज़ेंटेशन पुस्तक का ऑडियो वर्ज़न उन लोगों के लिए है, जो पढ़ नहीं सकते या पढ़ना पसंद नहीं करते, जिनके पास पढ़ने का समय नहीं है या जो नेत्रहीन हैं।
- (एक) की शक्ति विराट है।
- बच्चे बेहतरीन प्रेरणा और उत्साह बढ़ाने वाले हो सकते हैं।
- अंतरराष्ट्रीय यात्रा के लिए बस उसी की ज़रूरत होती है, जिसे आप साथ ले जा सकते हैं।
- ग़लतियों की क़ीमत आपको समय और धन से चुकानी पड़ सकती है।
- टाइमिंग बेहद महत्त्वपूर्ण है।
- सुनना बोलने से ज़्यादा महत्त्वपूर्ण है।
- हम अपने लोगों को सिखाते हैं कि कोई भी हमारे सिस्टम पर अमल कर सकता है।
- किसी उद्देश्य के साथ यात्रा करना पर्यटक की तरह यात्रा करने से बेहतर है।
- ओन यॉर लाइफ़ पिन हर रोज़ पहनें।?
- हम इतनी ज़्यादा यात्रा करते हैं कि हमारा पूरा जीवन ही एक यात्रा बन गया है।
- हमने रिचर्ड रैबिट को अपने शुभंकर के रूप में इसलिए चुना, क्योंकि ख़रगोश बहुत तेज़ी से कई गुणा हो जाते हैं।
- अगर आप हमारे सिस्टम पर चलते हैं, तो इससे आपका आत्मविश्वास बढ़ेगा।

मेरी बहन और बिज़नेस पार्टनर ने मेरा परिचय 45 सेकेंड में प्रेज़ेंटेशन कैसे दे से कराया। उसे संयोग से एक बुकस्टोर में इसकी पुरानी प्रति मिल गई थी। हममें से किसी को उस वक़्त ज़रा भी एहसास नहीं हुआ कि यह पुस्तक हमारे बिज़नेस का हुलिया ही बदल देगी। यह देखने में ज़्यादा समय नहीं लगा कि डॉन फ़ैला पुस्तक में जिस बारे में बात करते हैं, वही हमारे बिज़नेस का खोया हुआ हिस्सा था। हम उनकी जानकारी से इतने प्रभावित हुए कि हमने उन्हें एक सेमिनार में बोलने के लिए आमंत्रित किया। मेरे हिसाब से उनकी पुस्तक एक ऐसा औज़ार है, जो हर एक के टूलबॉक्स में होनी चाहिए।

– ***ब्रेंडा जम्पा***

डॉन फ़ैला की पुस्तक ने ठीक वही किया है, जो इसका शीर्षक सुझाता है – इसने हमारा और हमारे संगठन के कई लोगों का जीवन बदल दिया है। बेशक यही वह मुख्य कारण है, जिसकी वजह से हमारा संगठन हमारे ख़ास उद्योग में इतनी तेज़ी से उत्कृष्ट बना है।

हम अपने बिज़नेस में जिन लोगों को स्पॉन्सर करते हैं, उन्हें सिखाने और प्रशिक्षित करने में हम इस पुस्तक के सिस्टम का लगातार इस्तेमाल करते हैं। हम यह पुस्तक अपने यहाँ आने वाले हर नए व्यक्ति को दे देते हैं। यह हमारा "मैन्युअल" है, जिसके अनुसार हम कारोबार करते हैं। चूँकि हम इसका इतना ज़्यादा ज़िक्र करते हैं, इसलिए हम इसे सम्मान से "द 45" कहते हैं।

नैपकिन प्रेज़ेंटेशन और पूरे सिस्टम की सरलता के कारण कोई भी इसे समझ सकता है और तुरंत अमल में ला सकता है। चूँकि हमने संगठन को गहरा बनाने की इस अवधारणा का इस्तेमाल किया था, इसी वजह से हमें इतनी भारी सफलता मिली है।

फ़ैला दंपति को बहुत धन्यवाद, जो उन्होंने इस पुस्तक में अपनी विशेषज्ञता और ज्ञान का सार पेश किया!

– ***विली और डेडे ऐश्ली***

मैंने डॉन फ़ैला की पुस्तक की बदौलत ही घर से बिज़नेस शुरू कर दिया। मैंने इस पुस्तक का इस्तेमाल एक औज़ार के रूप में किया है, जिससे मैं लोगों को अपनी टीम में लाती हूँ। मुझे घंटों बैठकर यह नहीं समझाना पड़ता कि बिज़नेस कैसे बनाना है या नेटवर्क मार्केटिंग कोई पिरामिड योजना नहीं है। मैं तो उन्हें बस यह पुस्तक दे देती हूँ। अगर वे इसे पढ़ते हैं, तो मैं जान जाती हूँ कि उनकी रुचि है। अगर वे नहीं पढ़ते हैं, तो मैं बस आगे बढ़ जाती हूँ। और ऑडियो संस्करण बेहतरीन औज़ार है। इसे सुनना मेरे लिए आसान है, जब मैं बिज़नेस के सिलसिले में कार चलाकर या बच्चों के साथ कहीं जाती हूँ – मैं इसका इस्तेमाल अपनी याददाश्त को ताज़ा करने के लिए अक्सर करती हूँ!

– ***शैनन स्टूक***

डॉन फ़ैला की पुस्तक 45 सेकेंड में प्रेज़ेंटेशन कैसे दें किसी भी नेटवर्क मार्केटिंग संगठन के लिए एक अनिवार्य औज़ार है। इस पुस्तक ने उद्योग में बहुत से लोगों के लिए नेटवर्क मार्केटिंग की अवधारणा में क्रांति ला दी है। इस पुस्तक को पढ़ने से पहले मेरे मन में नेटवर्क मार्केटिंग की एक नकारात्मक छवि थी। बहरहाल, इसे पढ़ने के बाद मैं उन वैचारिक अवधारणाओं और आदतों को समझ पाई, जिन्होंने मुझे सफल सिस्टम स्थापित करने के औज़ार दिए। इस पुस्तक की वजह से मैं एक सिस्टम स्थापित करने में कामयाब हुई, अपने कारोबार को प्रभावी ढंग से चलाती हूँ और इसके दीर्घायु होने को सुनिश्चित करती हूँ।

दूसरों को भी यही सिस्टम सिखाने से मेरा सिस्टम आगे बढ़ा है। इससे लोगों का नेटवर्क बनाने का लक्ष्य अधिक वास्तविक बन गया है, जितना मुझे कभी संभव नहीं लगा था।

मेरा बिज़नेस आज जिस हालत में है, मिस्टर फ़ैला की उल्लेखनीय पुस्तक के बिना वैसा नहीं होता। वास्तव में, इसके बिना मैंने नेटवर्क मार्केटिंग को कभी करियर के रूप में अपनाया ही नहीं होता। ज़ाहिर है, जो भी व्यक्ति मेरी नेटवर्क टीम में शामिल होता है, उसे मैं यह पुस्तक पढ़ाती हूँ, क्योंकि मैं जानती हूँ कि इससे उन्हें वह मार्गदर्शन मिलेगा, जिसकी ज़रूरत उन्हें सफल होने के लिए है। मैं इससे बेहतर उपहार के बारे में नहीं सोच सकती!

– ***टिफ़नी ओबर***